AVANT-PROPOS

La Grande Traversée du Mercantour (GR® 52 GTM) ! Un itinéraire exigeant, sportif, mythique aussi. Des paysages à couper le souffle (dans tous les sens du terme), de lacs d'altitude en vallées, de sommets en alpages... Sur 220 km, le balisage blanc et rouge vous accompagne.
Ce guide vous propose des contenus fiables et riches pour vous faire vivre cette expérience. Les informations pratiques et itinéraires sont le fruit d'un travail concerté entre les équipes du **Parc national du Mercantour** et de la **FFRandonnée**, au quotidien sur le terrain. Les descriptifs de la faune, de la flore, des paysages viennent les enrichir grâce aux auteurs naturalistes de **Belles Balades éditions**. L'application mobile vous suit tout le long du chemin.
Vous êtes les invités des chamois, marmottes, rapaces ou oiseaux des rivières, **vous avez rendez-vous avec la beauté sauvage d'une nature préservée.**

INFORMATION IMPORTANTE

Entre le 2 et le 3 octobre 2020, la tempête Alex a détruit des centaines de maisons, de nombreuses routes et ponts, et des sentiers de randonnée, dans les vallées de la Vésubie, de la Roya et de la Tinée. Les étapes 11 et 12 de la Grande Traversée du Mercantour sont touchées. En attendant que les dégâts soient réparés, quelques légères déviations ont été mises en place de manière provisoire et sont fléchées sur le terrain. Ces déviations ont peu d'impact sur la distance et la durée de l'étape.

Riche d'un territoire exceptionnel entre mer et montagne, le département des Alpes-Maritimes propose, avec la Grande Traversée du Mercantour, un itinéraire de randonnée à la hauteur de son prestige et d'une longue tradition d'exploration des sommets.

Dans un décor à nul autre pareil, où se répondent la splendeur des paysages et le charme des villages perchés, c'est en effet une merveilleuse expérience qui s'offre aux sportifs et aux amoureux de la nature.

Plus de 200 km d'effort, de contemplation et de découverte lui donnent toute sa valeur, dans une échappée belle depuis la haute vallée du Var jusqu'au rivage mentonnais, en passant par les vallées de la Tinée, de la Vésubie et de la Roya-Bévéra, sans oublier quelques incursions en Italie.

Soucieux de préserver l'environnement, nous avons également tenu à limiter l'impact de la Grande Traversée du Mercantour, en profitant très largement des sentiers existants et en travaillant en lien étroit avec le Parc national du Mercantour.

L'obtention de l'homologation GR® en 2019 est venue consacrer cette formidable réussite. Une nouvelle étape est désormais franchie avec l'édition de ce topoguide, mine d'informations sur le parcours et les innombrables trésors qui le bordent.

Je remercie la Fédération française de la randonnée pédestre de contribuer ainsi à décupler le rayonnement national et international du site.

Fort d'un tel soutien, et fidèle au Green Deal qui imprègne ses politiques, le Conseil départemental des Alpes-Maritimes continuera de veiller à une parfaite harmonie entre la protection des espaces naturels et le déploiement des activités humaines.

Charles Ange GINESY
Président du Département des Alpes-Maritimes

DÉPARTEMENT
DES ALPES-MARITIMES

Le Parc national du Mercantour recèle un exceptionnel patrimoine naturel et culturel : c'est un espace montagnard qui comprend plusieurs cimes dépassant 3 000 m d'altitude et dont les versants abritent une faune et une flore remarquables autant par leur richesse que par leur spécificité.

Adossé à la frontière du Piémont italien, avec lequel il partage près de 33 km de crêtes, le Parc national du Mercantour est un vaste territoire dont la richesse biologique, la beauté paysagère et l'intérêt culturel ont justifié son classement comme « Parc national » le 18 août 1979. L'appellation « Parc national » est reconnue dans le monde entier comme le plus haut niveau de qualité et de protection des espaces naturels remarquables. Dernier maillon des Alpes du Sud avant la plongée dans la Méditerranée, le Parc national du Mercantour est l'un des plus riches espaces naturels de la France métropolitaine par sa biodiversité. Ce patrimoine exceptionnel s'explique par la proximité des montagnes avec la mer et la conjonction d'influences climatiques à la fois méditerranéennes, alpines et continentales.

Terre de contrastes, le Parc du Mercantour se situe pour deux tiers sur le département des Alpes-Maritimes et pour un tiers sur celui des Alpes-de-Haute-Provence. D'une longueur de 150 km, le territoire s'étend sur six vallées principales : le Haut Verdon, le Haut Var-Cians, l'Ubaye, la Tinée, la Vésubie et la Roya-Bévéra. Des oliviers aux alpages, des forêts de mélèzes aux cimes enneigées, le Mercantour abrite une faune, une flore et des paysages d'une richesse et d'une variété rares y compris à l'échelle de la planète. Son patrimoine culturel est également connu et reconnu mondialement, avec, pour n'en citer qu'un, la présence d'un trésor archéologique d'environ 40 000 gravures rupestres dans les vallées environnant le mont Bego, classées Monument historique.

Avec ses sommets de plus de 3 000 m d'altitude dont la cime du Gélas, qui culmine à 3 143 m à moins de 50 km de la mer à vol d'oiseau, ses multiples lacs glaciaires et ses six vallées au caractère très affirmé, le Parc national du Mercantour constitue, à une heure de la mer, un joyau unique de nature préservée !

partenaire
Parc national du Mercantour

SOMMAIRE

(1) Jour de marche 1 / (1) Option 1

Cœur du PN
GR®52 GTM
Option
CUNEO
Borgo San Dalmazzo
ITALIE
PARCO NATURALE
ALPI MARITTIME
ARGENTERA
3297 m
CIME DU GELAS
3143 m
Limone Piemonte
Col de Tende
Refuge
A. Foches
Sant'Anna di Vinadio
Col de la Lombarde
Refuge Questa
Isola
Isola 2000
Tête des Portettes
2823 m
ATIONAL
DU
MERCANTOUR
Le Boréon
Madone
de Fenestre
Refuge de Nice
Vallée des Merveilles
Refuge des Merveilles
Tende
Mont Lapassé
2351 m
Cime du Diable
2685 m
Saint-Sauveur-
sur-Tinée
Saint-Martin-
Vésubie
Roquebillière
Camp d'Argent
L'Authion
2078 m
Saorge
Lantosque
Moulinet
Breil-sur-Roya
ALPES-
MARITIMES
Roquestéron
Sospel
Mont Razet
1285
L'Escarène
Contes
Castellar
Carros
Vence
La Trinité
NICE
MONACO
Menton
Vintimille
SAN REMO
MER MÉDITERRANÉE
5 km
N
la Tinée
la Vésubie
la Roya
la Bévéra
le Var
D900
M97
M2205
D2202
M2565
M94
M2205
D28
D6202
M2565
D15
D2566
D2204
D93
D6204
D2204
D2204B
D17
D3
A 8
E 80
7
8
9
10
11
12
13
14
15
16
17

BALADES

UNE APPLI

SURVOLEZ le parcours
ÉCOUTEZ les chants d'oiseaux
GÉOLOCALISEZ votre position

Dans votre téléphone,
tout le livre… et plus !

Appli mobile BELLES **BALADES**
offerte avec ce livre
Disponible sur iPhone et Android

www.bellesbalades.com

COMMENT UTILISER LES GUIDES

Toutes les infos en un coup d'œil

DES PHOTOS
pour un premier aperçu de la balade.

LES HABITUÉS DES LIEUX
pour savoir quel animal vous aurez peut-être la chance de croiser !

LE CARNET DE ROUTE
avec toutes les infos pratiques sur la balade (conseils, accès, difficultés...)

UN QR-CODE À FLASHER
pour accéder directement à la balade dans l'appli mobile BELLES **BALADES**. (Flashez le QR-code en choisissant dans le menu : « Scanner un livre Belles Balades ».)

SUIVEZ LE GUIDE
en gras les indications de direction ; le corps du texte vous donne explications et conseils d'observation.

UNE CARTE DÉTAILLÉE
afin de bien préparer son itinéraire. Localisez le point de départ, les points d'observation numérotés, et repérez les dénivelés grâce aux courbes de niveau.

LÉGENDE

CARTES

- Point de départ
- Point d'observation
- Monument religieux
- Monument
- Parking
- Point de vue

Sentiers

- GR® 52 GTM
- Option
- Variante
- ↗ Dénivelé positif cumulé

Les Habitués des lieux

- Mammifères
- Oiseaux
- Reptiles / amphibiens
- Insectes
- Poissons
- Flore

BELLES **BALADES** ?

Une grande place laissée à l'image

PLEIN CHAMP
Une rubrique qui vous plonge au cœur du paysage. L'occasion d'en apprendre encore plus sur votre terrain de balade.

DES PLANCHES ILLUSTRÉES
Explications et illustrations pour mieux comprendre, espèce par espèce, les particularités de la faune et de la flore environnantes.

FACE À FACE
Une rencontre au plus près avec les animaux de la région, afin de mieux comprendre leurs habitudes et leur mode de vie.

Sur place, choisissez de vous faire guider par l'appli ou par le livre, les deux sont indépendants.

COMMENT UTILISER L'APPLI

Un guide entier dans votre téléphone

SOMMAIRE DES BALADES

Accessible par liste ou sur la carte de la région afin de localiser les balades à proximité.

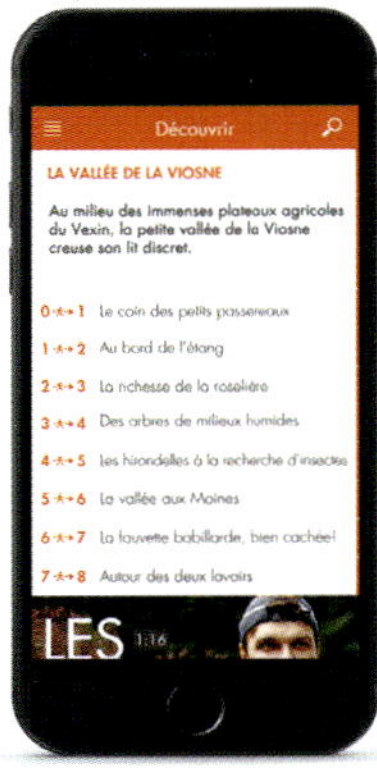

LE PARCOURS DÉTAILLÉ

Étape par étape, pour profiter de chaque point d'observation. Appuyez sur une étape pour en lire le descriptif.

CARTE

Très précise, peut être zoomée avec deux doigts. Appuyez sur un numéro pour accéder au contenu d'une étape. Appuyez sur 3D pour déclencher le survol (voir ci-contre).

LES HABITUÉS DES LIEUX

Une rubrique qui détaille tout ce qu'il faut savoir sur la faune et la flore des environs.

Sur place, choisissez de vous faire guider par l'appli ou par le livre, les deux sont indépendants.

BELLES **BALADES**?

De nouvelles possibilités offertes

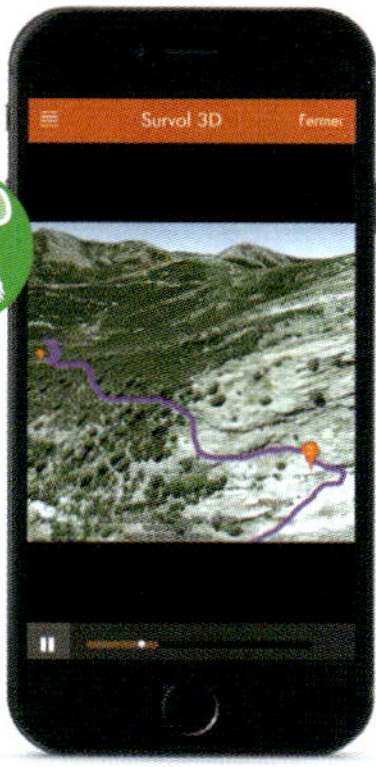

SURVOLEZ CHAQUE PARCOURS

Tous les itinéraires sont disponibles en animation 3D. Appréciez le relief, la végétation, la longueur du parcours... Comme si vous y étiez déjà !

ÉCOUTEZ LES CHANTS DES OISEAUX

NOUVEAU

« Flashez » le dessin d'un oiseau sur une page du livre. Son chant se déclenche instantanément. Fonctionne si le dessin est accompagné du symbole 🔊.

GÉOLOCALISEZ VOTRE POSITION

Grâce au GPS, trouvez le point de départ de la balade et situez-vous sur le parcours.

SAVOUREZ LES INTERVIEWS DES NATURALISTES

Observations rares, curiosités, révélations inattendues... Un passionné vous raconte ses secrets de naturaliste.

UTILISEZ L'APPLI MÊME SANS RÉSEAU

Téléchargez toutes les données avant votre départ et utilisez toutes les fonctionnalités de l'appli même sans réseau.

ACCÈS À L'APPLICATION MOBILE

Pour télécharger l'application BELLES BALADES, lisez le QR-code au dos de ce livre avec votre mobile. Sinon tapez « Belles Balades » sur l'App Store ou « Belles Balades Deluxe »sur Google Play.

Télécharger dans l'App Store

DISPONIBLE SUR Google Play

Pour toute question sur l'appli mobile : contact@bellesbalades.com

LE PARC NATIONAL DU MERCANTOUR

Aster des Alpes

QU'EST-CE QU'UN PARC NATIONAL ?

C'est un espace reconnu comme exceptionnel pour sa biodiversité, ses paysages, son patrimoine. C'est à la fois un label qui garantit une reconnaissance nationale et internationale de ces richesses et un outil qui assure leur préservation au plus haut niveau afin de les transmettre aux générations futures. Comme tout parc national français, le Parc du Mercantour est doté d'un cœur de parc et d'une aire d'adhésion. Le cœur est la zone réglementée (voir rubrique réglementation).

LES MISSIONS

Protéger et connaître : agents du Parc, mais aussi scientifiques de France, d'Europe ou du monde, réalisent des inventaires et des comptages réguliers afin de connaître les différentes espèces et de surveiller leur évolution au fil des ans.

Accueillir et sensibiliser : faire connaître les richesses présentes dans l'espace naturel, créer un lieu de partage, transmettre le respect et éveiller la curiosité doivent contribuer à la sauvegarde de la nature sur l'ensemble du territoire national.

Participer au développement local : dans les 23 communes ayant adhéré à la Charte du Parc, le Parc soutient des projets de développement local, tant par des aides techniques et logistiques que financières ou d'ingénierie dans une optique de développement durable et de solidarité écologique entre le cœur et l'aire d'adhésion.

Tétras-lyre

FICHE D'IDENTITÉ

Création : le 18 août 1979.

Statut : établissement public à caractère administratif sous tutelle du ministère en charge de l'Écologie et du Développement durable.

Situation : départements des Alpes-Maritimes et des Alpes-de-Haute-Provence.

Le Parc national du Mercantour est jumelé avec son voisin italien l'Aree Protette delle Alpi Marittime depuis 1987. Ensemble, ils forment le premier Parc européen.

Superficie : 1 801 km^2. Le parc s'étend sur plus de 150 km de long, du col de Tende au col de Larche.

Cœur du Parc : 679 km^2.

Aire d'adhésion : 1 122 km^2, 23 communes.

Habitants permanents (source INSEE 2016) : plus de 20 600.

Sentiers : 550 km de sentiers balisés.

Site Internet : www.mercantour-parcnational.fr

PARCO NATURALE DELLE ALPI MARITTIME

UNE GRANDE OASIS DE NATURE PROTÉGÉE

Le Parco Naturale delle Alpi Marittime est situé à l'extrémité ouest de la chaîne alpine dans la province piémontaise de Cunéo.

D'une superficie de 28 000 hectares, il forme, avec le Parc national français du Mercantour, le premier Parc européen, l'un des plus grands espaces protégés des Alpes.

Des sommets de plus de 3 000 mètres, d'imposantes parois de gneiss, des petits glaciers et d'innombrables lacs et cours d'eau caractérisent son environnement naturel et ses paysages.

Ses principaux sommets se trouvent à 45 kilomètres de la Côte d'Azur à vol d'oiseau. Cette position géographique particulière fait du massif de l'Argentera la zone alpine présentant la plus grande concentration de biodiversité et de plantes rares : on y trouve quatorze espèces endémiques exclusives, dont la célèbre *Saxifraga florulenta*. Certaines d'entre elles peuvent être admirées au jardin botanique Valderia des Thermes de Valdieri, qui possède une très riche collection d'espèces végétales des Alpes du Sud.

La faune est tout aussi riche et comprend notamment des chamois, des bouquetins et des aigles. Depuis 1993, le gypaète y a été réintroduit. Le centre de la faune « Uomini e lupi » (Hommes et loups) à Entracque est consacré au loup, qui est réapparu après une recolonisation naturelle des Apennins.
Les vallées du Parc conservent des témoignages préhistoriques remarquables, comme les grottes d'Aisone et la nécropole de Valdieri.
En 1855, Victor Emmanuel II (duc de Savoie puis roi d'Italie), après une visite aux Thermes de Valdieri, réputés pour leurs sources chaudes, voulut créer dans la haute vallée du Gesso une réserve royale de chasse : de cette époque subsistent de magnifiques bâtiments et des dizaines de kilomètres de chemins muletiers.
Les vestiges de routes militaires et de petites casernes construites entre les deux guerres mondiales sont également d'un grand intérêt historique. Depuis 2016, le Parc fait partie des Aree Protette delle Alpi Marittime, un organisme de gestion qui, outre ce Parc, comprend le Parc du Marguareis et huit réserves naturelles situées dans la partie sud de la province de Cuneo.

PLUS D'INFORMATIONS

www.areeprotettealpimarittime.it
www.parcoalpimarittime.it
Parc européen :
fr.marittimemercantour.eu

RÉGLEMENTATION

Si un Parc national est un espace libre et ouvert à tous, il n'en est pas moins un territoire naturel protégé et, de ce fait, soumis à une réglementation particulière. Les règles de conduite sont simples, dictées par le bon sens, le respect des autres et de la nature. Un hexagone vert visualise sur le terrain la limite du cœur de Parc où s'applique la réglementation spécifique suivante.

Le camping (plusieurs nuits au même endroit) est interdit. Le bivouac (une seule nuit) est autorisé entre 19 h et 9 h, uniquement sous une tente à plus d'une heure de marche à l'intérieur des limites du Parc ou du dernier accès routier.

Les feux sont interdits pour éviter incendies, dégradations du sol ou de la végétation. Dans le cadre d'un bivouac, les réchauds portatifs autonomes sont autorisés à plus de 200 m des limites des bois et forêts.

Les chiens, autres que chiens de troupeau au travail et d'assistance, sont interdits même tenus en laisse ou portés sur soi.

La chasse, le port ou la détention d'une arme utilisable pour la chasse et de ses munitions sont strictement prohibés.

Le vol-libre est réglementé. Les survols à moins de 1000 m du sol sont limités pour la tranquillité de la faune sauvage.

Le drone et les autres loisirs aériens sont strictement interdits.

Le dépôt et l'abandon de déchets, quel que soit le lieu, sont interdits. Les déchets « biodégradables » ne doivent pas non plus être abandonnés en cœur de parc. Merci de redescendre les détritus dans les containers des vallées.

Les prélèvements de minéraux, de fossiles, de végétaux ou d'animaux sont interdits. Seule la cueillette de certains végétaux à usage médicinal ou culinaire est possible mais strictement réglementée (dates, lieux, quantités et mode de cueillette).

La pratique du vélo tout terrain est strictement interdite sur les sentiers. Ponctuellement, elle est autorisée sur certaines pistes carrossables.

Les bruits et dérangements de nature à troubler le calme et la tranquillité des lieux sont interdits (radio, lecteur portable avec enceintes...).

La circulation et le stationnement des véhicules motorisés sont interdits en dehors des routes ouvertes à la circulation publique.

RÉGLEMENTATION ADDITIONNELLE SPÉCIFIQUE À LA VALLÉE DES MERVEILLES

Afin d'éviter les dégradations et l'érosion prématurée des sites archéologiques des Merveilles et de Fontanalbe, lieux particuliers classés monument historique, la réglementation est complétée par des arrêtés spécifiques à ces espaces, qui interdisent de :

- **Sortir des sentiers balisés**, afin d'éviter d'abîmer la végétation, de dégrader et faciliter l'érosion des sols.

- **Marcher sur les gravures rupestres**
- **Toucher et dégrader** les gravures rupestres.
- **Utiliser des cannes ou bâtons** de marche ferrés. Des embouts en caoutchouc peuvent être fixés sur les pointes métalliques de ces équipements.
- **Bivouaquer**, sur toute la zone des gravures à l'exception des aires de bivouac aménagées à côté du refuge des Merveilles et du refuge de Fontanalbe.

▶ *En cas de non-respect de cette réglementation, vous vous exposez à une amende de 35 à 1 500 euros.*

LES POINTS D'ACCUEIL ET D'INFORMATIONS

Au sein du territoire, des Maisons de Parc et des points d'information, présents dans chaque vallée, sont à disposition pour accueillir tous les visiteurs. Des panneaux pédagogiques situés à l'entrée du cœur du Parc et au départ des itinéraires de randonnée ont pour but également d'informer les visiteurs sur la réglementation du Parc national, les données géographiques, le patrimoine naturel et culturel spécifique au lieu et l'espace transfrontalier relatif au jumelage avec l'Aire Protégée Alpi Marittime.

LE MERCANTOUR, PARADIS DES ACTIVITÉS « DOUCES »

Des bords de la Méditerranée aux sommets du Mercantour, le Parc est un paradis naturel où découverte du massif à pied et culture se conjuguent harmonieusement. Quelles que soient ses capacités physiques, chacun peut y pratiquer des activités alliant plaisir et découverte : l'hiver, place aux excursions en raquettes ; l'été, c'est la découverte d'une nature préservée et sauvage grâce à la randonnée pédestre. Et pour les passionnés d'aventure, le Mercantour, cœur de l'alpinisme niçois, offre une multitude de sommets à gravir. Le Parc national du Mercantour est reconnu et engagé depuis 2005 dans la charte européenne du tourisme durable. L'association Mercantour Écotourisme (www.mercantourecotourisme.eu) et les prestataires bénéficiaires de la marque « Esprit Parc national » (www.espritparcnational.com) vous proposent des prestations résolument tournées vers l'écotourisme et ses valeurs.

DES IDÉES DE RANDONNÉES POUR TOUS !

Avec son réseau très dense de sentiers balisés, l'un des plus complets et des mieux équipés de France, le Mercantour est un véritable paradis pour les randonneurs. L'offre randonnée du Parc, c'est 550 km de sentiers – dont les sentiers GR® et PR, la Via Alpina, le GR® 52 Grande Traversée du Mercantour – entretenus et balisés par le Parc national du Mercantour avec l'aide du Conseil départemental des Alpes-Maritimes et de l'Agence de développement touristique des Alpes-de-Haute-Provence. Découvrez des idées de randonnée à la journée, des traversées et des itinérances entre Mercantour et Alpi Marittime sur le site : http://rando.marittimemercantour.eu

Plus d'informations sur :
www.mercantour-parcnational.fr/fr

LES SENTIERS

BALISAGE

- Bonne direction
- Tourner à gauche
- Tourner à droite
- Mauvaise direction

GR® : Grande Randonnée®

DURÉE

La durée de chaque étape de l'itinéraire est calculée sur la base de 3 à 4 km/h. Elle tient compte de la longueur et des dénivelés et des pentes.

↗ **Dénivelé positif :** c'est la somme des montées de l'itinéraire. Exprimé en mètres, il renseigne sur l'intensité de l'effort à fournir. 100 m de dénivelé positif revient à réaliser plus ou moins 1 km sur le plat.

UNE SIGNALÉTIQUE SPÉCIFIQUE

Les marque blanc-rouge qui balisent les GR® vous accompagnent tout au long de votre randonnée, en France et en Italie. Les itinéraires en cœur du Parc national du Mercantour sont signalés par des panneaux directeurs de couleur jaune, et hors parc par des poteaux directeurs en bois.

GRANDE TRAVERSÉE DU MERCANTOUR

GR 52 FFRandonnée

LES BALISEURS DE LA FFRANDONNÉE : 8 900 PASSIONNÉS

Pour que vous puissiez cheminer sereinement, des baliseurs-collecteurs bénévoles passionnés s'activent toute l'année, GPS, pinceau ou serpette en mains. Création, entretien, balisage... contribuent à la sauvegarde des chemins et permettent au plus grand nombre de partager la richesse naturelle des sentiers (206 000 km en France).

BALISES

Si on les trouve en général tous les 150 m et à chaque intersection, les marques peuvent se trouver à intervalles différents en fonction du terrain. Si vous ne voyez plus les bonnes balises ou que vous avez un doute, repartez en sens inverse jusqu'à la dernière balise rencontrée. Si vous avez téléchargé l'application mobile Belles Balades, connectez-vous pour repérer votre position par rapport au tracé de l'itinéraire.

RESSOURCES LE LONG DE

Refuge / Gîte d'étape · Hôtel · Chambres d'hôtes · Camping · Ravitaillement · Restaurant · Office de tourisme · Car · Train · DAB

Ressources ▶ / ▼ Localités	Refuge / Gîte d'étape	Hôtel	Chambres d'hôtes	Camping	Ravitaillement	Restaurant	Office de tourisme	Car	Train	DAB
Estenc	•		•			•		•		
Entraunes		•			•	•	•	•		•
Saint-Dalmas-le-Selvage	•		•		•	•	•	•		
Bousiéyas	•		•			•				
Refuge de Ferrière	•					•				
Saint-Étienne-de-Tinée	•	•	•	•	•	•	•	•		•
Refuge A. Foches	•					•				
Refuge Sant'Anna	•					•				
Isola 2000		•	•			•	•	•		•
Refuge de Questa	•					•				
Le Boréon	•	•				•		•		
Refuge de la Madone de Fenestre	•					•				
Refuge de Nice	•					•				
Refuge des Merveilles	•					•				
Baisse de Camp d'Argent	•	•				•		•		
Col de Turini		•				•		•		
Sospel	•	•	•	•	•	•	•	•	•	•
Menton	•	•	•	•	•	•	•	•	•	•
Castellar (Hors GR®)				•	•	•		•		
Barcelonnette	•	•	•		•	•				
Bayasse	•		•		•	•				
Allos	•	•			•	•				
Saint-Dalmas-Valdeblore (Hors GR®)	•	•	•	•	•	•	•	•		
La Bolline (Hors GR®)		•	•		•	•		•		
Saint-Grat (Hors GR®)	•					•		•		
Saint-Étienne-de-Tinée (Hors GR®)	•	•	•	•	•	•	•	•		•
Refuge de la Cougourde (Hors GR®)	•					•		•		

VOTRE RANDONNÉE

ADRESSES UTILES

RANDONNÉE

- Fédération française de la randonnée pédestre : *Centre d'information de la Fédération française de la randonnée pédestre, 64 rue du Dessous-des-Berges, 75013 Paris, 01 44 89 93 93, info@ffrandonnee.fr, www.ffrandonnee.fr, www.monGR.fr*
- Comité départemental de la randonnée pédestre des Alpes-Maritimes : *Maison des associations, 7 avenue de l'hôtel de ville, 06800 Cagnes-sur-Mer, 09 51 05 19 23, https://alpes-maritimes.ffrandonnee.fr, alpes-maritimes@ffrandonnee.fr*
- Comité départemental de la randonnée pédestre des Alpes-de-Haute-Provence : *Centre Desmichels, Maison des Associations, boulevard Martin-Bret, 04000 Digne-les-Bains, cdrp04@ffrandonnee.fr, https://alpes-haute-provence.ffrandonnee.fr*

ORGANISMES DIVERS

- Conseil départemental des Alpes-Maritimes : *147 boulevard du Mercantour, 06000 Nice, 04 97 18 60 00, www.departement06.fr/departement-des-alpes-maritimes-3.html*
- Parc national du Mercantour : *23 rue d'Italie, 06000 Nice, 04 93 16 78 88, www.mercantour-parcnational.fr*
- Parco naturale Alpi-Marittime : *Piazza Regina Elena 30, 12010 Valdieri (CN), 0039 0171 976800, www.parcoalpimarittime.it*
- Aree Protette Alpi Marittime : *www.areeprotettealpimarittime.it*
- Club Alpin Français Nice Mercantour : *14 avenue Mirabeau, 06000 Nice, 04 93 62 59 99, http://cafnice.ffcam.fr/index.php*
- Comité régional du tourisme Côte d'Azur France : *455 promenade des Anglais, bâtiment Horizon, 06000 Nice, 04 93 37 78 78, https://cotedazurfrance.fr*

SECOURS

Secours : 112 (N° d'urgence européen)

En cas d'accident, placer, si possible, la victime dans un endroit dégagé où l'équipe d'intervention pourra la repérer facilement et où l'hélicoptère pourra accéder sans problème. Signaler avec exactitude la position de la victime et, à partir de là, ne plus la déplacer.

TRANSPORTS

- Aéroport Nice Côte d'Azur, *0 820 423 333, www.nice.aeroport.fr*
- Bus Lignes d'Azur, *circule toute l'année, 08 10 06 10 06, www.lignesdazur.com*
- Bus Zestbus, *circule toute l'année, 04 93 38 93 60, www.zestbus.fr*
- Transport à la demande, *de juillet à septembre, 08 00 06 01 06, navettes à la demande, réservation obligatoire jusqu'à la veille avant 16 h 45 (8 places assises maximum).*
- Trains, *toute l'année, https://zou.maregionsud.fr*

MÉTÉO

Avant de partir, prenez connaissance des prévisions météo. Suivez aussi les conseils de ceux qui vous hébergent et connaissent bien leur région. Ne sous-estimez pas les dangers : même en été, les orages peuvent être violents et imprévisibles, occasionnant des crues brutales, et des amplitudes thermiques marquées. Le vent a lui aussi un pouvoir de refroidissement bien connu des randonneurs.

Le GR® 52 GTM est un itinéraire d'été, praticable normalement de fin juin à mi-octobre ; en début de saison cependant, on peut avoir à traverser un couloir enneigé ou un névé tardif : un piolet et une corde légère seront utiles.

HÉBERGEMENTS

Plusieurs formules et types d'hébergement sont possibles selon les étapes de votre itinéraire. Vous pourrez séjourner en refuges, gîtes d'étapes, chambres d'hôtes, hôtels, campings... **Quel que soit votre choix, pensez à réserver à l'avance.** Pour les refuges, consultez le site internet : sud.alpes-refuges.fr

Pour faciliter la lecture, les hébergements sont cités dans le sens du parcours.

Refuge de Nice

Refuge des Merveilles

ENTRAUNES (06470)

- Auberge Roche Grande, hôtel, 11 chbs, restauration, 04 93 02 60 99, ouvert toute l'année
- L'Oustamura, Yourtes, 06 30 47 39 66, oustamura@gmail.com, www.oustamura.com/fr

ESTENC (06470)

- Gîte Ferran / Ferme les Louiqs, Gîtes d'étape Chambres d'hôtes, restauration, Les Louiqs, 04 93 05 54 22, fleonie@hotmail.fr, www.giteferran.com
- Refuge de la Coquille, Refuge, restauration – panier repas, 04 93 05 54 90, 04 92 81 24 25, robert.lacoquille1732@orange.fr, https://refugelacoquille1732.com, ouvert toute l'année
- Les Marmottes, Chambres d'hôtes, restauration – petit-déjeuner, Quartier la Coquille, 06 07 11 09 87, www.facebook.com/lesmarmottes06
- Refuge de la Cantonnière, Refuge, 38 pers, restauration, 04 93 05 51 36, lacantonniere@gmail.com, https://lacantonniere.wixsite.com/refugelacantonniere

SAINT-DALMAS-LE-SELVAGE (06660)

- Chez Philippe, Gîte d'étape, 40 pers, restauration, chemin Pierre St Dalmas Village, 04 93 02 44 61, 06 89 30 57 75, philippeissautier@orange.fr, www.gite-chez-philippe-06.fr, ouvert toute l'année
- La Maison de l'étoile, Chambres d'hôtes, 5 chbs, restauration, 04 93 02 41 08, 06 95 74 09 63 – 06 89 37 23 36, maisondeletoile@wanadoo.fr, http://maisondeletoile.free.fr, ouvert toute l'année
- Chez Olga, Chambres d'hôtes, 4 pers, petit-déjeuner, rue de Vergelat, 04 93 05 09 72, 06 12 89 54 71, cherskaya.olga@gmail.com, ouvert toute l'année
- La maison basse, Chambres d'hôtes, 1 chb, petit-déjeuner, Village, 06 83 92 37 03, ouvert toute l'année
- Refuge de Gialorgues, Refuge, 12 pers, sur le sentier, 04 93 62 59 99, refugedegialorgues@ffcam.fr, https://refugedegialorgues.ffcam.fr, sud.alpes-refuges.fr

BOUSIÉYAS (06660)

- Le gîte d'étape de Bousiéyas, Gîte d'étape, 16 pers, restauration – panier repas, 04 93 02 69 73, 06 15 86 49 46, gite.bousieyas@gmail.com, www.gitedebousieyas.com, ouvert de mai à octobre
- La clé du Vert Eden, Chambres d'hôtes, 10 pers, restauration du soir sur réservation, 04 93 02 69 63, 06 72 90 62 33, pesce_michel@orange.fr, http://lacleduverteden.fr, ouvert de juin à septembre
- Le café à Marius, Chambres d'hôtes, 16 pers, restauration – panier repas, 04 93 03 53 30, 06 16 09 42 69, le.cafe.a.marius@gmail.com, www.chambres-d-hotes-bousieyas.fr, ouvert de juin à septembre

FERRIÈRE (12010) – ITALIE

- Refuge de Ferrière, Refuge, 18 pers, restauration – panier repas +39 0171 96715, +39 338 5337459, +39 333 8882699, rifugiobecchirossi@gmail.com, www.rifugiobecchirossi.com, ouvert de juin à septembre

Refuge de Questa

Refuge de Vens

SAINT-ÉTIENNE-DE-TINÉE (06660)

- Refuge de Vens, Refuge, 45 pers, restauration, sur le sentier, 04 93 62 59 99, refugedevens@ffcam.fr, https://refugedevens.ffcam.fr, sud.alpes-refuges.fr, ouvert de juin à septembre
- Refuge de Rabuons, Refuge, 36 pers, restauration, sur le sentier, 04 93 23 04 11, 06 18 54 02 43, refugederabuons@ffcam.fr, https://refugederabuons.ffcam.fr, sud.alpes-refuges.fr, ouvert de la mi-juin à la mi-septembre
- Le Corborant, Gîte d'étape, 6 chbs – Total = 20 pers, restauration, 41 rue Droite, 04 93 03 45 77, 06 12 28 37 33, corborant06@orange.fr, www.gite-tinee-mercantour.com, ouvert du 01/12 au 30/10
- Camping du plan d'eau, Camping, snack, 04 93 02 41 57, http://campingduplandeau.com, ouvert de juin à septembre
- Chez Martine et Serge, Chambres d'hôtes, 1chb/4pers – 3 chbs/2 pers, Total = 10 pers, petit-déjeuner, 04 83 10 61 45, 06 15 20 82 84, hotelrestamis@gmail.com, http://chezmartineetserge.fr
- Les Toits Rouges, Chambres d'hôtes, 2 chbs / 5 pers – 1 chb / 3 pers, Total = 13 pers, restauration, hameau de Douans, 06 50 50 82 49, lestoitsrouges.douans@gmail.com, http://lestoitsrouges.fr
- Lou Ben Manjà, Hôtel, 9 chbs, restauration, place San Menth, 09 70 35 74 50, loubenmanja@hotmail.fr, www.loubenmanja.com

VINADIO (12010) – ITALIE

- Refuge Foches, Refuge, 18 pers, restauration, Vallone di Collalunga Frazione Bagni, +39 349 7481478, +39 338 8727984, emiliobelmondo@tiscali.it, www.rifugiolaus.it, ouvert de mai à octobre
- Refuge de Sant'Anna, Refuge, restauration, Frazione Sant'Anna, +39 0171 959125, +39 392 545624, info@santuariosantanna.eu, www.santuariosantanna.eu/fr, ouvert de juin à septembre

ISOLA 2000 (06420)

- Se renseigner sur www.isola2000.com
- Le Pas du Loup, Hôtel, 116 chbs, restauration – panier repas, Centre Station, 08 26 30 01 23, 04 93 23 27 00, reservation@soleilvacances.com, www.soleilvacances.com/hotel/hotel-du-soleil-isola-2000-le-pas-du-loup
- Chalet Marano, Hôtel, 25 chbs, restauration, Le Hameau, Lieu-dit La Clairière, 04 93 02 74 13, reception@chaletmarano.fr, www.chaletmarano.fr
- Le Druos, Hôtel, 39 chbs, Immeuble La Valette, 04 93 23 12 20, infos@hoteldruos.com, www.hoteldruos.com
- Le Lodge 2000, Chambres d'hôtes, 2 chbs, petit-déjeuner, route du Hameau, 06 58 52 65 67, lelodgeisola2000@gmail.com

QUESTA (12010) – ITALIE

- Refuge de Questa, Refuge, restauration, Lago delle Portette, +39 0171 97338, +39 347 7959051, emilioquesta@gmail.com, www.rifugioquesta.it, ouvert de juillet à mi-septembre

LE BORÉON (06450)

- Gîte du Boréon, Gîte d'étape, 50 pers, restauration – petit-déjeuner – panier repas, 248 route du col de Salèse, 07 86 18 66 59, contact@giteduboreon.com, https://giteduboreon.com
- Le Boréon, Hôtel, 12 chbs, restauration – petit-déjeuner, Quartier Le Boréon, La Cascade, 04 93 03 20 35, hotel.leboreon@wanadoo.fr
- Le Grand Chalet du Lac, Hôtel, 10 pers, restauration – petit-déjeuner, 187 promenade du Lac du Boréon, 04 93 03 33 93, 07 84 64 27 56, legrandchaletdulacduboreon@gmail.com, https://grand-chalet-du-lac-du-boreon-saint-martin-vesubie.hotelmix.fr
- Refuge de la Cougourde, Refuge, 40 pers, restauration – petit-déjeuner, 09 78 23 31 59, 06 18 54 02 43, 06 27 36 13 41, refugelacougourde@ffcam.fr, https://refugelacougourde.ffcam.fr, sud.alpes-refuges.fr, ouvert de juin à novembre

SAINT-MARTIN-VÉSUBIE

- Refuge de La Madone de Fenestre, Refuge, 62 pers, restauration – petit-déjeuner, sur le sentier, 04 93 02 83 19, 06 09 17 89 58, https://chaletmadonedefenestre.ffcam.fr, sud.alpes-refuges.fr, ouvert de juin à septembre

HÉBERGEMENTS

Refuge de Rabuons

BELVÉDÈRE

- Refuge de Nice, Refuge, 54 pers, restauration – petit-déjeuner – panier repas, sur le sentier, 06 61 97 59 38, refugedenice@ffcam.fr, https://refugedenice.ffcam.fr, sud.alpes-refuges.fr, ouvert de juin à septembre

TENDE (06163)

- Refuge des Merveilles, Refuge, 79 pers, restauration – petit-déjeuner – panier repas, sur le sentier, 04 93 04 64 64, refugedesmerveilles@ffcam.fr, refugedesmerveilles.ffcam.fr, sud.alpes-refuges.fr, ouvert de juin à septembre

BAISSE DE CAMP D'ARGENT (06440)

- L'Estive, Hôtel et gîte d'étape, 45 pers, restauration – petit-déjeuner, 04 93 91 57 58, 06 87 80 53 93, info@estive-mercantour.fr, www.estive-mercantour.fr, ouvert toute l'année

COL DE TURINI (06440)

- Les Chamois, Hôtel, 11 chbs, restauration – petit-déjeuner, 04 93 91 58 31, leschamois06@orange.fr, www.hotel-les-chamois.com, ouvert toute l'année
- Les Trois Vallées, Hôtel, restauration – petit-déjeuner, L'Escarène, 04 93 04 23 23, trois-vallees@wanadoo.fr, www.les3vallees-turini.fr, ouvert toute l'année
- Le Ranch, Hôtel, 20 pers, restauration – petit-déjeuner, 04 93 91 57 23, 06 09 88 99 03, ranch.turini@yahoo.fr, www.ranch-turini.com, ouvert toute l'année

SOSPEL (06380)

- Hôtel des Etrangers, Hôtel, 27 chbs, restauration, 7 avenue de verdun, 04 93 04 00 09, sospel@sospel.net, http://sospel.net, ouvert de mars à novembre
- Le Mas fleuri, Camping, restauration, Le Mas fleuri – Quartier la Vasta, 04 93 04 14 94, 06 03 26 96 07, contact@camping-mas-fleuri.com, www.camping-mas-fleuri.com, ouvert toute l'année
- Sainte Madeleine, Camping, 04 93 04 10 48, 06 88 48 22 89, camp@camping-sainte-madeleine.com, www.camping-sainte-madeleine.com/fr, ouvert d'avril à octobre
- Camping municipal, Camping, 31 pers, stade Emmanuel Donato, 04 83 93 95 70, 06 29 23 46 49, www.sospel-tourisme.com/hebergements/item/camping-municipal-sospel.html, ouvert de juin à septembre
- Auberge provençale, Hôtel, 12 chbs, restauration – petit-déjeuner, route du col de Castillon, 04 93 04 00 31, contact@aubergeprovencale.fr, www.aubergeprovencale.fr, ouvert toute l'année
- Auberge du Pont vieux, Hôtel, petit-déjeuner, 3 avenue Jean Médecin, 04 93 01 01 32, 06 72 52 25 20, hostellerieduponvieux@orange.fr, www.sospel-tourisme.com/hebergements/item/auberge-du-pont-vieux.html
- Chapelle Saint-Gervais, Chambres d'hôtes, 2 chbs, restauration – petit-déjeuner, 20 route de Piene Haute – Quartier Saint-Gervais, 04 93 04 16 49, 06 17 26 51 69, pascalekral@yahoo.com, www.lachapellesaintgervais.com
- Les Iris, Chambres d'hôtes, 2 chbs, restauration – petit-déjeuner, route de Castillon – Quartier Fontan, 06 74 29 12 94, lesirissospel@yahoo.com, www.chambres-hotes-sospel.fr
- M. et Mme Colson, Chambres d'hôtes, 2 chbs, route de Sainte Marie, 04 93 04 04 72, jcfrcolson@gmail.com, www.sospel-tourisme.comhebergements/item/villa-le-pourcel.html, ouvert toute l'année

- Domaine du Paraïs, Chambres d'hôtes, petit-déjeuner, La Vasta supérieure, 04 93 04 15 78, domaine.du.parais@wanadoo.fr, https://domaineduparais.monsite-orange.fr
- Le Saint-Pierre, Chambres d'hôtes, petit-déjeuner, 14 rue Saint-Pierre, 09 53 29 00 15
- Au verger B&B, Chambres d'hôtes, 30 rue du lotissement de la Source, 06 08 05 40 65
- Gaïa Luna, Chambres d'hôtes, route du col de Castillon, 06 24 60 41 86, jar_art@yahoo.fr, http://gaialun1.wixsite.com/arts
- Se renseigner sur www.menton-riviera-merveilles.fr/hebergements

BARCELONNETTE (04400)

- l'Eterlou, Gite auberge, 14 chbs, chemin de Villevieille, 04 92 36 15 78, 06 13 44 20 86
- Hôtel Azteca***, Hôtel, 27 chbs, petit-déjeuner, bar, 3 rue François Arnaud, 04 92 81 46 36, www.azteca-hotel.fr
- La grande épervière***, Hôtel, 10 chbs, 18 avenue des Trois Frères Arnaud, 04 92 81 00 70, 06 86 80 04 36, www.hotelgrandeperviere.com
- Hôtel de la Placette **, Hôtel, 16 chbs, 14 rue Emile Donnadieu, 04 92 81 03 37, www.hotel-barcelonnette.fr
- Le Grand Hôtel**, Hôtel, 22 chbs, petit-déjeuner – bar, place du Président Paul Reynaud, 04 92 81 03 14, www.grand-hotel-barcelonnette.fr
- Le Cheval Blanc**, Hôtel bar restaurant, 16 pers, restauration – petit-déjeuner, 12 rue Grenette, 04 92 81 00 19, 06 24 06 17 07, www.chevalblancbarcelonnette.com, ouvert toute l'année
- Le Choucas, Hôtel bar, 10 pers, bar – restauration, 4 place Manuel, 04 92 81 15 20, contact@choucas-barcelonnette.fr, www.lechoucas-barcelonnette.fr, ouvert toute l'année
- Gîte Tranquyl, chambres d'hôtes, 5 chbs, 37 avenue Emile Aubert, 06 15 48 75 99
- Hôtes Ubaye, Chambres d'hôtes, 5 pers, 11 chemin des Gentianes, 07 60 42 75 65, www.chambres-hotes-ubaye.fr

BAYASSE (04400)

- Chambres d'hôtes, 15 pers, restauration sur réservation ravitaillement en été, pour les randonneurs, Uvernet Fours, 04 92 81 28 96, www.gite-bayasse.com
- Refuge-Hôtel de Bayasse, 11 pers, 04 92 32 20 79, 06 38 83 21 42, www.refuge-bayasse.fr
- Refuge du col de la Cayolle du Parc national du Mercantour, Refuge, 35 pers, restauration sur réservation ouvert du 15/06 au 15/09, Uvernet-Fours, 04 92 81 54 25, 04 93 05 54 90, https://refugedelacayolle.fr

ALLOS (04260)

- Hôtel Pascal, Hôtel, Val d'Allos, 04 92 83 00 04
- Hôtel Plein Soleil, Hôtel, Val d'Allos, 04 92 83 84 13
- Refuge du lac d'Allos, Refuge, 42 pers, restauration sur réservation, 04 92 83 00 24, 06 19 12 22 83, www.refugedulacdallos.com
- Renseignements à l'OT du Val d'Allos, 04 92 83 02 81, www.valdallos.com.

Refuge du lac d'Allos

D'Entraunes à Estenc

Jour 1

LE VAR POUR SEUL GUIDE

PRATIQUE

LOCALISATION

Entraunes (1 260 m)
GPS 44.187883,
6.748340

ÉCOUTEZ SURVOLEZ IDENTIFIEZ

ACCÈS

Depuis l'aéroport de Nice Côte d'Azur, suivre la vallée du Var par la M6202, passer Le Plan-du-Var, puis prendre la D6202 jusqu'à Entrevaux. Continuer sur la D6202 puis prendre à droite la route du col de la Cayolle (D2202) pour gagner Guillaumes, puis Entraunes.

DURÉE / DIFFICULTÉ

6,5 km. ↗570 m / ↘50 m. 3 h.

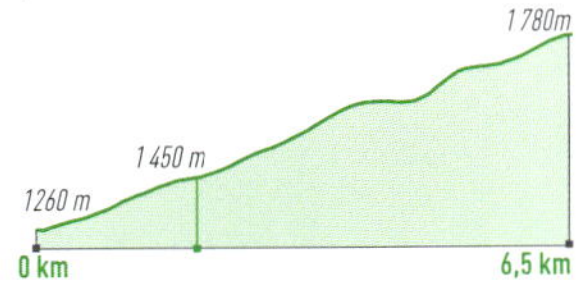

Pour cette randonnée de mise en jambes, le Var, jeune cours d'eau tumultueux et bruyant, vous servira de ligne conductrice. Du village d'Entraunes au plateau d'Estenc, vous longerez son lit en quittant la chaleur du sud pour rejoindre les hauteurs alpines.

Depuis la balise 33 en face de la chapelle Saint-Sébastien, franchir le Var et suivre la route qui longe le fleuve. Laisser à gauche la petite route de l'Oustamura (balise 34) et continuer le long du Var jusqu'au petit oratoire de Notre-Dame-de-Lourdes (balise 35) 1.

Les paysages qui enserrent le val d'Entraunes racontent les efforts passés des habitants pour gagner quelques arpents de prairie sur des terres ingrates et rocailleuses. Au pied des stériles pentes de marnes noires de la montagne de Roche Grande (2 742 m), chapelles et oratoires se succèdent comme une dérisoire protection face aux menaces de crues et de coulées de boue. La forêt au caractère quasi méditerranéen envahit pour sa part peu à peu les anciens prés de fauche.

Laisser le sentier qui part à droite vers la chapelle Saint-Jean, pour suivre direction nord la piste en terre qui conduit à un barrage. Remonter le sentier et traverser le vallon de Garreton sur une passerelle. Poursuivre ensuite le sentier jusqu'à la cascade de l'Aiglière (1 450 m) 2.

Jusqu'à la cascade, de nombreuses essences forestières profitent de l'humidité et de la chaleur ambiantes pour s'épanouir, malgré la pauvreté des sols. Peupliers trembles, saules, frênes et buis apportent une ombre bienfaisante avant de céder le pas aux éboulis. L'azuré, ce petit papillon bleu de la famille des lycénidés, patrouille en escadrilles entre le milieu boisé et les buissons épars des pierriers. Il apprécie particulièrement les flaques d'eau autour desquelles il peut se regrouper en véritables essaims.

Passer sur l'autre rive du Var et poursuivre sur le sentier pour retrouver bientôt la rive droite. Continuer la montée et couper la route D2202 au-dessus du pont Saint-Roch (balise 36). Gravir une piste jusqu'à la retenue d'eau, et emprunter le sentier pour atteindre la chapelle Saint-Sauveur (balise 37) 3.

Peu avant d'atteindre la route, ne manquez pas sur votre droite l'impressionnante cascade du Saut du Var ! En plein soleil, profitant à la fois de la fraîcheur du fleuve et d'un ensoleillement optimal, la végétation semble hésiter entre Alpes et Provence. À quelques mètres de distance, joubarbes, pieds de lavande et parterres de saponaires cèdent la place aux prêles et même, de l'autre côté de la route, aux raiponces noires pourtant adeptes des milieux ombragés.

En montant toujours direction nord, arriver sur une intersection (balise 39 b). Prendre le sentier de droite et rejoindre une passerelle qui traverse à nouveau le Var 4.

Vous admirez sur votre gauche le groupe de maisons de l'Avalanche et une petite église avec son cimetière accolé. La pente se faisant moins raide, la présence humaine se révèle plus marquée, avec son lot de vieilles fermes rénovées en résidences secondaires. Vous apercevrez d'ailleurs le tracé des anciens canaux d'irrigation, pour la plupart abandonnés, qui captaient l'eau directement dans le Var pour arroser les parcelles cultivées. Jusqu'à plus de 1 700 m d'altitude, les paysans des hautes vallées du Mercantour produisaient le seigle, l'orge et l'avoine dont ils avaient besoin pour survivre.

CONSEILS

Période conseillée : fin juin à mi-octobre. Une randonnée de difficulté moyenne, comme mise en jambes pour la Grande Traversée.
La commune d'Entraunes, capitale du Val d'Entraunes est située au confluent du Var et du Bourdous. C'est le point de départ du GR® 52 GTM. Le sentier remonte vers le plateau d'Estenc et les sources du Var. Il suit l'ancien chemin conduisant au hameau d'Estenc autrefois isolé durant tout l'hiver.

▲ La raiponce noire

Cette plante de la famille des campanules était jadis utilisée comme un légume. Sa racine se présente en effet sous la forme d'une sorte de radis à l'arrière-goût de noisette beurrée tandis que ses jeunes feuilles, riches en fibres et en vitamine C, se consomment cuites, comme des épinards, ou crues, en salade.

Roche Grande

Traverser le Var et poursuivre le sentier. Continuer à grimper en passant par les Louiqs (balise 38), puis franchir à gauche le pont du Diable. Tourner à droite (balise 39a), longer la route (balise 39) et atteindre Estenc (balise 40) 5.

Le fleuve naissant a creusé un véritable canyon au fil des millénaires, grand spectacle garanti ! De l'autre côté de la dernière passerelle, au-dessus du hameau des Louiqs, une clairière envahie de lis martagon et de centaurées vous offre un premier jardin alpin. En raison de la forme originale de sa corolle, le martagon tire son nom du turban turc, le martagan. C'est une plante très appréciée des jardiniers amateurs, mais sa cueillette est interdite dans de nombreuses régions françaises. Quant à la centaurée des Alpes, mieux connue sous le nom de bleuet vivace, l'origine de son nom est liée au centaure Chiron, le précepteur d'Hercule, qui maîtrisait la phytothérapie bien avant que cette médecine naturelle ne soit à la mode !

Selon l'hébergement prévu, l'étape pourra se terminer à hauteur du hameau d'Estenc (balise 40) ou se prolonger vers le nord pour atteindre le refuge de la Cantonnière. Quitter alors la D2202 à droite pour contourner le lac par la droite, poursuivre par le chemin plein nord, rejoindre le parking du refuge (balise 41) 6.

Après la fureur passagère du Var prisonnier de gorges étroites, place à la douceur du plateau d'Estenc ! Autour du plan d'eau, le trolle d'Europe à la corolle arrondie côtoie la benoîte des ruisseaux, plus discrète. Juste après le lac, à 80 m sur votre gauche, un aller-retour sur le chemin aménagé vous conduit sans effort jusqu'aux sources du Var. Difficile de croire que le filet d'eau qui s'échappe du sol à cet endroit se métamorphose plus bas en cascades grondantes ! Peut-être parce que la source du fleuve est sujette à débat ? Le ruisseau de Sanguinière que vous allez longer un moment en direction du refuge ne constitue-t-il pas en fait la véritable matrice du cours d'eau ?

Les bornes sculptées de l'ancienne frontière

En 1815, à la chute de l'Empire napoléonien, le comté de Nice est rendu au royaume de Piémont-Sardaigne. Entraunes se retrouve sarde pour près de 50 ans ! Sur la frontière, 77 bornes sont érigées, avec d'un côté une fleur de lys et de l'autre une croix. Certaines sont encore visibles, à la limite du département des Alpes-de-Haute-Provence et de celui des Alpes-Maritimes.

Les habitués des lieux

- Bergeronnette des ruisseaux, pinson des arbres...
- Chevreuil, écureuil...
- Barbitiste des bois, azuré du serpolet, azuré bleu...
- Truite fario...
- Joubarbe à toile d'araignée, trolle d'Europe, lis martagon, lavande, saponaire, prêle, raiponce noire, centaurée, benoîte des ruisseaux...

Bergeronnette des ruisseaux

Chevreuil

D'Estenc à Saint-Dalmas-le-Selvage

Jour 2

SECRETS D'ALPAGES

PRATIQUE

LOCALISATION

Estenc (1 780 m)
GPS 44.23527,
6.75206

ÉCOUTEZ SURVOLEZ IDENTIFIEZ

ACCÈS

Depuis l'aéroport de Nice Côte d'Azur, suivre la vallée du Var par la M6202, passer Plan-du-Var, puis prendre la D6202 jusqu'à Entrevaux. Continuer sur la M6202 puis prendre à droite la route du col de la Cayolle (D2202) pour gagner Guillaumes. Rejoindre Entraunes, puis Estenc (Parking). Selon l'hébergement, continuer en direction du col de la Cayolle jusqu'au parking supérieur (1 870 m) du refuge de la Cantonnière et la limite du Parc national du Mercantour.

DURÉE / DIFFICULTÉ

17,5 km. ↗780 m / ↘1 070 m. 6 h.

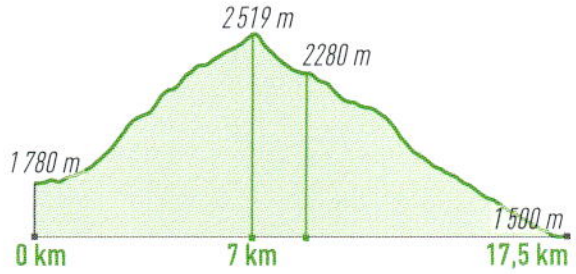

Entre Tinée et Haut-Var, les vastes alpages qui s'étirent de part et d'autre du col de Gialorgues semblent baigner dans une quiétude permanente. C'est oublier un peu vite que l'histoire n'épargne aucun lieu...

Depuis le parking du lac d'Estenc (balise 40), prendre la petite route à droite (en cas d'hébergement au refuge de la Cantonnière, prendre le sentier vers le sud (balise 41) en direction du lac, et prendre la petite route à gauche, avant la balise 40).

Avant même de franchir les étendues pierreuses qui donnent accès au vallon de l'Entonnoir, l'héritage du passé agricole s'exprime dès le passage en balcon au-dessus des rares maisons d'Estenc. Canaux d'irrigation à l'abandon, clapiers et murets de pierre rappellent l'époque pas si lointaine où ces terres ingrates étaient exploitées sous forme de parcelles de seigle ou de prés de fauche. Une végétation héliophile, c'est-à-dire éprise de lumière et de chaleur, a désormais envahi les lieux, avec son cortège de buissons épineux. Amélanchiers à la floraison blanche en début d'été, genévriers communs, groseilliers à maquereaux ou épine-vinette dominent donc cette portion du parcours.

Rejoindre la balise 283. Poursuivre à droite sur le GR® 52 GTM pour traverser le vallon de l'Enfer. Le sentier continue en décrivant un grand lacet (balise 275) 1, pour rejoindre le verrou du pas de l'Estrop.

Courageux migrateur qui s'exile en hiver en Afrique orientale, par-delà le Sahara, le traquet motteux revient chaque année dans l'alpage pour sa période de reproduction. Vous n'aurez aucun mal à l'observer dans la montée en direction du col. Ce passereau insectivore est un amateur des milieux ouverts parsemés de rocaille. Il trouve ici un biotope idéal pour passer la bonne saison. Pour le repérer sans risque d'erreur, un seul conseil : observez sa queue ! Elle est très caractéristique, avec en son centre des rectrices noires entourées de plumes blanches.

Le sentier poursuit sa progression relativement aisée jusqu'au col de Gialorgues (2 519 m, balise 279) 2.

Offrant un vaste panorama sur les montagnes frontalières et le lointain mont Viso (3 841 m), le col de Gialorgues constitue le point de passage le plus aisé entre la vallée du Haut-Var et Saint-Dalmas-le-Selvage. Dès le XVIIIe siècle, en raison d'un déboisement intensif, les habitants d'Estenc et d'Entraunes manquaient cruellement de bois d'œuvre comme de bois de chauffage. Leur seule véritable richesse résidant dans leurs alpages, ils conclurent un accord avec la commune de Saint-Dalmas pour échanger droits de pâture contre bois de la Tinée. Les troncs bruts étaient transportés à dos de mules via le col de Gialorgues. Comme dans de nombreux autres secteurs des Alpes du Sud, le déboisement était si intense dans ces hautes vallées enclavées que les risques de coulées de boue, d'inondations et d'érosions des sols poussèrent l'État à imposer la plantation de milliers de pins à crochets à la fin du XIXe siècle.

Quitter le col par une descente franche, puis cheminer sur des pentes plus douces vers le refuge de Gialorgues (CAF) (2 280 m, balise 73a) 3.

La descente du long vallon de Gialorgues, ponctuée de zones humides, vous invite à profiter d'une pause au bord du torrent, d'autant plus que la flore mérite un peu d'attention. Tenez, prenez l'exemple de la discrète et mystérieuse botryche lunaire ! Cette petite fougère vivace vous a accompagné tout au long de la montée sans que vous ne la remarquiez. Privilégiant les sols siliceux, elle apprécie la présence du grès légèrement rosâtre mais s'avère capable d'adaptation. D'innombrables légendes courent sur cette plante hors norme. L'une d'elles, qui lui vaut le surnom de fougère des sorciers, raconte qu'il était possible

CONSEILS

Période conseillée : fin juin à mi-octobre, car le sentier passe en altitude à plus de 2 000 m, où la neige risque d'être présente en dehors de cette période.

Traquet motteux

Une géologie complexe

Grès d'Annot, marnes bleues et calcaires gris s'entremêlent dans le secteur du vallon de l'Estrop. Ces matériaux différents composent des paysages qui le sont tout autant : éboulis inhospitaliers et reliefs ruiniformes pour le grès, pierriers et petites falaises pour le calcaire, rondeurs accueillantes, notamment aux abords du col, pour les marnes.

autrefois d'en tirer un philtre d'amour, à condition de la cueillir les nuits de pleine lune, ce qui, au vu de sa couleur, n'a rien d'une sinécure. Hélas, la recette s'est perdue, inutile donc de vous y risquer, d'autant plus que vous êtes désormais au sein du Parc national du Mercantour et qu'aucun prélèvement de plantes n'est autorisé !

Le sentier continue direction nord. Après une alternance de sous-bois, de pâturages et de pierriers, atteindre la sortie du Parc national du Mercantour (1 950 m, balise 73) ④ au bout de 2,5 km.

Les habitués des lieux

- Traquet motteux, rouge-queue, chocard à bec jaune...
- Chamois, marmotte...
- Criquet de Sibérie...
- Botryche lunaire, gentiane printanière, saxifrage à feuilles opposées, genévrier...

Zone de conflit

Les austères bâtiments militaires, alignés sous la crête, datent des années 1938-1939. Humides et glacés, ils ne furent jamais complètement achevés. Érigés dans le vaste programme de la ligne Maginot, leur rôle principal se résumait à héberger les troupes veillant à empêcher toute invasion italienne du Haut-Var depuis la vallée de la Tinée.

Massif de l'Estrop

Le paysage est grandiose avec des sommets rocheux qui évoquent des remparts et des tours crénelées, à l'image de la pointe de Fort Carra (2 880 m), la bien nommée !

Emprunter ensuite une piste descendante (environ 5 km) en suivant le torrent de Gialorgues sur la rive gauche, pour arriver à la route (balise 66), puis au village après avoir franchi le pont (1 500 m, balise 67) 5.

Continuer vers l'office de tourisme de Saint-Dalmas-le-Selvage (1 506 m, balise 68) 6.

De Saint-Dalmas-le-Selvage à Bousiéyas

Jour 3 SOUS LES AILES DU GYPAÈTE

PRATIQUE

LOCALISATION

Saint-Dalmas-le-Selvage (1 506 m)
GPS 44.2846, 6.8656

ÉCOUTEZ SURVOLEZ IDENTIFIEZ

ACCÈS

Arriver à Saint-Dalmas-le-Selvage par la M63 depuis Saint-Etienne-de-Tinée. Départ à l'office de tourisme.

DURÉE / DIFFICULTÉ

18 km. ↗ 1 190 m / ↘ 825 m. 7 h.

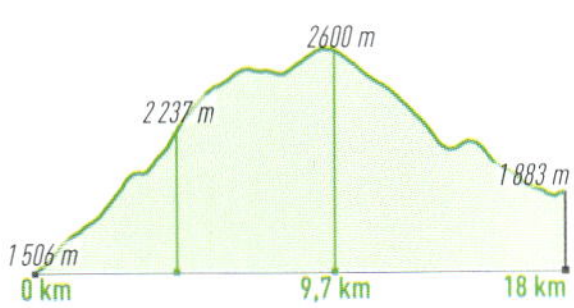

CONSEILS

Période conseillée : fin juin à fin septembre, car le sentier passe en altitude à plus de 2500 m, où la neige risque d'être présente en dehors de cette période.

Rien que dans la vallée de la Tinée, on compte aujourd'hui deux couples de gypaètes barbus. Au cours de cette étape, n'oubliez pas de scruter le ciel : le plus rare des vautours sera peut-être au rendez-vous !

Depuis l'office de tourisme de Saint-Dalmas-le-Selvage (1 500 m, balise 68), où le GR® 52 GTM et le GR® 5 sont communs, remonter le village vers le nord jusqu'à la balise 48. Le sentier poursuit vers la droite avant de s'élever vers le vallon de la Combe que l'on franchit à gué 1.

Vous entrez dans la zone cœur du Parc national du Mercantour et, très vite, les toits du charmant village de Saint-Dalmas-le-Selvage, la plus haute commune des Alpes-Maritimes, deviennent insignifiants au milieu d'un paysage préservé. Rien d'étonnant à cela : faiblement peuplées, les quatorze communes de la Tinée s'étalent sur près de 70 km le long de la rivière du même nom. Très raides, les versants des montagnes sont souvent inhospitaliers et les constructions humaines se révèlent donc peu visibles. Sauf les anciens bâtiments militaires qui, eux, se trouvent souvent érigés sur les crêtes et les sommets !

Continuer par un sentier à flanc et rejoindre le quartier de Rochepin qui passe sous un petit groupe de granges du

même nom (1 900 m). Poursuivre sur le sentier pour arriver après une série de lacets escarpés au col de la Colombière (2 237 m, balise 47) 2.

Vous apercevez au nord le hameau de Bousiéyas. Ce col est la croisée des chemins entre le GR® 52 GTM, le GR® 5 et le GR® 56. Hors GR®, un sentier mène vers la Tête de Vinaigre (2 394 m – 30 min). Depuis le col, vous pouvez vous accorder un détour sur votre droite pour gravir la Tête de Vinaigre et découvrir les vestiges du point d'appui de Las Planas, une fortification mineure incluse dans la ligne Maginot des Alpes.

Vératre blanc ou grande gentiane ?

Le vératre blanc a la fâcheuse caractéristique de ressembler à la grande gentiane. Ses feuilles alternes le distinguent cependant facilement de la gentiane qui, pour sa part, présente des feuilles opposées tout au long de sa tige.

Gypaète barbu

Réintroduction du gypaète barbu dans les Alpes

Accusé de tous les maux, le gypaète barbu avait été éradiqué de l'ensemble des Alpes au début du XXe siècle. Mais depuis 1986, un programme international a permis la réintroduction de ce rapace dans son milieu naturel. Lors de la campagne de comptage de l'été 2019, près de 80 individus ont été recensés dans les Alpes françaises.

Laisser le GR® 5 et continuer sur le sentier à gauche, commun au GR® 52 GTM et GR® 56, pour arriver au col de l'Alpe (2 600 m, balise 46) 3.

Après 600 m environ, vous sortez provisoirement du Parc national du Mercantour et passez sous le versant sud de la pointe Giassin en poursuivant sur la crête de la Blanche. Au col de l'Alpe, vous entrez à nouveau dans le cœur du Parc national du Mercantour. Avant de rejoindre la large crête encombrée de blocs de grès, vous allez franchir à flanc un pierrier calcaire. Sur votre droite, accrochés à des dalles grises, ne manquez pas les superbes spécimens de saules à feuilles de serpolet ! Ce petit arbrisseau résiste à des contrastes de températures extrêmes sur cet adret écrasé de soleil en journée et parfois soumis à des coups de gel nocturnes. Plus loin, lorsque la nature du sol change, avec leurs feuilles dentées, ce sont les bouquets de primevères marginées qui retiennent l'attention. Blotties dans les failles des rochers, ces jolies fleurs vivaces fanent hélas rapidement dans le courant du mois de juillet.

Descendre vers le nord pour rejoindre le col de Colombart (2 539 m, balise 45) 4. Au col, ne pas continuer sur le GR® 56 qui va vers l'ouest.

Entre 1993, le début de leur réintroduction dans les Alpes du Sud, et 2008, date de leur première reproduction en liberté, il a fallu quinze ans aux gypaètes barbus pour reconquérir les grands espaces du Mercantour. Ces grands rapaces ont besoin d'un immense territoire pour subvenir à leurs besoins alimentaires. Loin au-dessus de votre tête, peut-être l'un d'entre eux plane-t-il à la recherche de carcasses de moutons ou d'ongulés sauvages ? Ce charognard imposant, qui peut atteindre 2,80 m d'envergure, a la particularité de se nourrir essentiellement d'os qu'il lâche en plein vol pour les briser sur des pierres et parvenir ainsi à les ingérer. Vous ne pourrez pas le confondre avec un aigle : plus grand que son cousin, il s'en distingue notamment

Les habitués des lieux

- Gypaète barbu, faucon crécerelle…
- Cerf, biche, marmotte, mouton…
- Grenouille rousse…
- Gerridé (araignée d'eau)…
- Primevère marginée, vératre blanc, alchémille, grande gentiane…

par sa queue cunéiforme (les plumes donnent une forme étagée) et la couleur orangée de son poitrail à l'âge adulte.

Prendre le sentier du GR® 52 GTM à droite en direction du vallon de l'Alpe, jusqu'à la crête de l'Alpe. Continuer à droite pour rejoindre le haut vallon de l'Alpe, puis par une succession de petits lacets, le torrent du Rio (balise 44 b) 5.

Vous passez à proximité de la cabane de l'Alpe (2 277 m) et sous la Roche de l'Aré au nord. L'alpage est parsemé d'alchémilles, cette plante qui conserve longtemps les gouttes de rosée déposées sur son feuillage. L'origine de son nom fait écho au rêve des alchimistes qui, raconte-t-on, récupéraient cette eau très pure à leurs yeux pour tenter de préparer la fameuse pierre philosophale capable de tous les miracles. Se moquant de ces fables, le petit faucon crécerelle, lointain cousin du gypaète, bat des ailes et vole sur place, à la recherche de menus rongeurs à déguster.

Saint-Dalmas-le-Selvage

Suivre en rive droite du torrent la piste horizontale sur 1,2 km pour rejoindre le Lauzarouotte à la balise 44 a 6. Le GR® 52 GTM devient commun en ce point au GR® 5 et au GR® 56.

Une petite mare se trouve à la croisée des chemins. Approchez-vous un peu de ce plan d'eau ! Vous y trouverez une profusion de têtards ou, plus tard dans le courant de l'été, quelques beaux exemplaires de la grenouille rousse. Avec un peu d'attention, se distinguant des nombreuses traces de moutons par leur taille et leur profondeur plus importantes, vous pourrez également remarquer sur les rives boueuses les empreintes des sabots de cerfs et de biches qui viennent parfois s'abreuver ici.

Descendre par le sentier dans la forêt pour rejoindre une piste pastorale, puis la suivre sur environ 2 km, franchir à gué le torrent Rio, puis la Tinée sur un pont de bois pour arriver au hameau de Bousiéyas (1 883 m, balise 43) 7.

Sur ces pentes raides, les mélèzes présentent des formes en crosse remarquables. Leurs troncs sont en effet soumis chaque hiver à la reptation de la neige, un lent mais puissant glissement du manteau neigeux vers l'aval qui impose une contrainte énorme à tous les arbres. Les mélèzes s'y sont parfaitement adaptés : après une courbure esthétique de la base de leurs troncs, ils repartent verticalement à la recherche de la lumière ! Le vératre blanc n'a pas à subir ce genre de supplice. Très courante dans le secteur, cette plante toxique, riche en alcaloïdes, ne sort de terre qu'une fois la neige fondue pour atteindre jusqu'à un mètre de hauteur.

Grenouille rousse

LE BOUQUETIN DES ALPES

possède une majestueuse paire de cornes qui grandit tout au long de sa vie. Elles peuvent peser jusqu'à 6 kg pour 1 m de long. Pratique pour se gratter le dos ! Il se nourrit d'herbe qu'il peut compléter par du genévrier et se contente d'un peu de rosée pour étancher sa soif. Comme c'est un ruminant, il stocke d'abord la nourriture dans sa panse, la régurgite lors de sa pause au soleil pour la mâcher et l'avaler enfin définitivement. Les cabris (moins d'un an), les éterlous (entre un et deux ans) et les éterles (femelles encore stériles) sont très joueurs : cabrioles, glissades, poursuites, acrobaties ponctuent leur journée.

De Bousiéyas à Ferrière

Jour 4 SUR LES CHEMINS DES CONTREBANDIERS

PRATIQUE

LOCALISATION

Bousiéyas (1 883 m)
GPS 44.3220, 6.8610

ÉCOUTEZ SURVOLEZ IDENTIFIEZ

ACCÈS
Depuis Saint-Dalmas-le-Selvage ou Jausiers, accéder au hameau de Bousiéyas par la M64. Départ au niveau du gîte communal.

DURÉE / DIFFICULTÉ
12,4 km. ↗ 835 m / ↘ 820 m. 6 h.

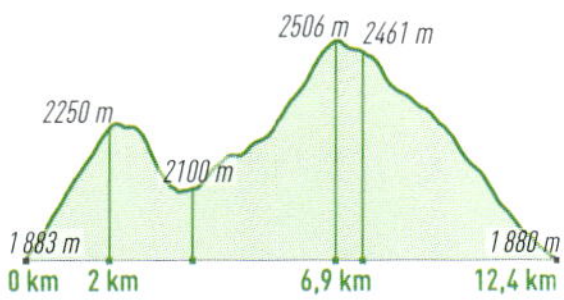

CONSEILS
Période conseillée : mi-juin à fin septembre, car le sentier passe en altitude à plus de 2500 m, où la neige risque d'être présente en dehors de cette période.

Si toutes les frontières sont source de conflits potentiels, elles engendrent aussi de fructueux échanges commerciaux plus ou moins licites... Ici, militaires et contrebandiers sévissaient.

Au départ de Bousiéyas (1 883 m) au niveau du gîte communal, suivre le sentier commun GR® 52 GTM et GR® 5 en prenant les escaliers pavés à gauche pour rejoindre la route M64, puis tourner à gauche et longer la route sur environ 150 m pour arriver à la balise 40 ❶.

Tout au long de cette première étape, le pipit spioncelle vous accompagne de ses trilles répétés, pour signifier que vous traversez son territoire et qu'il n'apprécie guère cette intrusion. C'est un habitué des pelouses alpines, mais dès le milieu de l'automne, il descend vers le fond des vallées pour passer la mauvaise saison aux abords des lacs et des torrents.

Le sentier escarpé et herbeux continue vers la droite et coupe à plusieurs reprises la route de la Bonette (M64) pour gagner l'ancien camp militaire des Fourches (2 250 m, balise 41 a) ❷.

Bâties au tout début du XXe siècle, les 26 maisonnettes du camp des Fourches et les grandes tentes qui s'élevaient à proximité pouvaient accueillir plusieurs centaines de militaires, en hiver comme en été. Ceux-ci se relayaient dans les blockhaus et les forts d'altitude pour surveiller la frontière toute proche.

Prendre à droite le sentier qui rejoint quasiment à plat le col des Fourches (2 261 m, balise 41) ❸.

Comme pour souligner son petit air de château médiéval, la redoute du mont des Fourches sous laquelle vous progressez arbore une étrange échauguette qui passe pour être la dernière de l'histoire des fortifications en France !

Franchir le col et descendre par une pente raide vers l'alpage de Salso-Moreno en passant par le ravin de la tour, jusqu'à l'intersection des sentiers GR® 52 GTM et GR® 5 (balise 37 – 2 100 m) ❹.

Chaque été, les marmottes partagent les vastes espaces de l'alpage avec des troupeaux transhumants. Ceux-ci sont accompagnés des fameux patous, les chiens de protection destinés à repousser les attaques du loup. Preuve que ces secteurs frontaliers ont connu maintes péripéties, ce sont les troupes espagnoles, lors de la guerre de Succession d'Autriche, qui ont donné son nom au vallon que vous traversez : en raison de la présence de marnes noires, à la moindre pluie, les ruisseaux prennent une couleur brunâtre, d'où l'appellation de « Salso Moreno », la sauce brune !

Laisser à gauche le GR® 5 en direction du pas de la Cavale, pour continuer vers le nord-est, traverser la large combe caillouteuse du Graillon et atteindre le col de Pouriac par une longue diagonale ascendante (2 506 m, balise 39) ❺.

Le col est également situé à la limite frontière avec l'Italie. C'était le passage de l'ancienne voie de grande communication entre la France et l'Italie. Il en a vu, ce col aujourd'hui peu fréquenté, des soldats, des colporteurs et des contrebandiers ! Et pas seulement à une période si lointaine... Jusqu'à la fin des années 1960, le prix des veaux était deux fois plus élevé en Italie qu'en France, de quoi susciter le désir, chez nombre d'éleveurs français, de s'affranchir des règles et des taxes pour écouler discrètement leur bétail dans le Piémont, bien avant le libre marché européen !

Depuis le col, descendre le sentier versant italien. Bifurquer bientôt sur la droite pour rejoindre la Bassa di Colombart (2 461 m) ❻.

Vous pouvez faire une halte près du muret sur lequel est bâti un petit clocheton. Vous êtes maintenant dans la vallée Piémontaise de la Stura. Le long vallon semble s'étirer sur des kilomètres ! Ces vastes espaces sont aujourd'hui utilisés par les éleveurs bovins des

L'aigle royal, le seigneur du ciel

Avec une envergure qui oscille entre 2 m et 2,25 m, l'aigle est l'un des plus redoutables prédateurs des Alpes. Sédentaire, il adapte son régime alimentaire en fonction des opportunités ; en été, il incarne donc le plus grand danger pour les marmottes qui constituent l'essentiel de son alimentation.

Les habitués des lieux

- Pipit spioncelle, crave à bec rouge, chocard à bec jaune, aigle royal, alouette des champs...
- Mouflon, vache, chamois, lièvre variable, renard, marmotte...
- Zygène du serpolet, machaon, bousier...
- Bérardie laineuse, jonc arctique, grande gentiane, génépi...

vallées et de la plaine de Cuneo pour y faire pâturer leurs troupeaux de vaches piémontaises durant tout l'été.

Le large sentier poursuit jusqu'au replat di Colombart, caractérisé par la présence d'abreuvoirs 7.

Laisser la piste venue de Ferrière, pour prendre à droite le sentier pédestre herbeux qui passe par le Gias di Colombart 8.

Crave à bec rouge

Vous passez près d'une cabane de berger rénovée. Les hautes tiges des grandes gentianes qui bordent le chemin sont couvertes d'inflorescences jaunes. La tradition orale prétend que la première floraison n'apparaît qu'au bout de dix ans environ, tandis que la plante, elle, peut vivre jusqu'à 50 ans. C'est à partir de la longue racine de la gentiane, très amère, que sont fabriqués par distillation

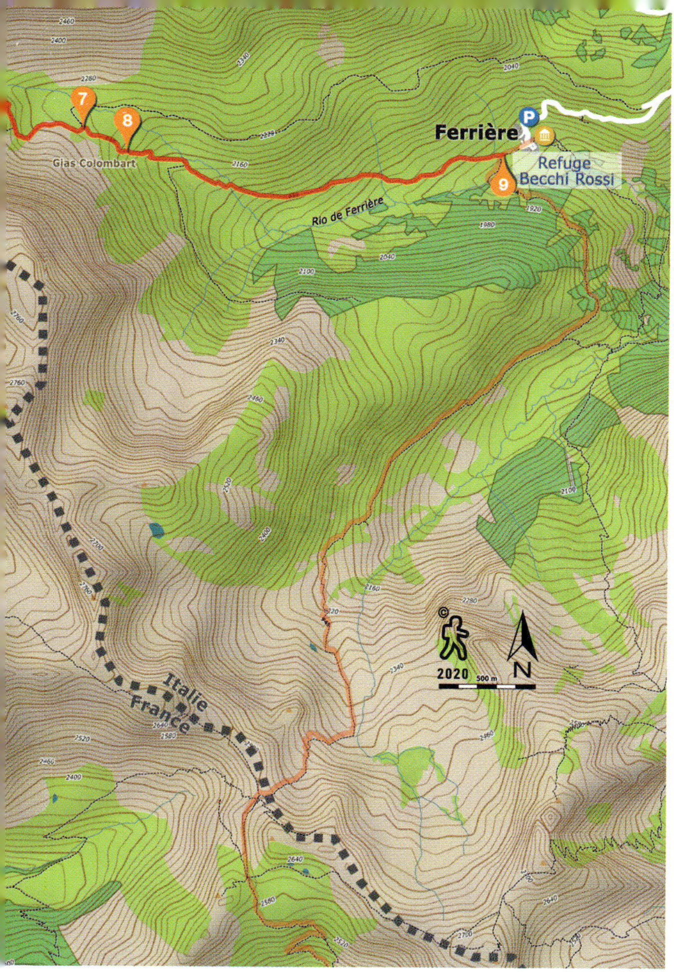

Le sel, question de vie ou de mort

Indispensable à l'alimentation du bétail, à la fabrication du fromage et aux besoins humains, le sel a toujours généré un intense trafic le long de la frontière italienne. Au milieu de la Seconde Guerre mondiale, à partir d'août 1943, les éleveurs piémontais prenaient tous les risques pour échanger côté français des sacs de riz de la plaine du Pô contre du sel venu de l'étang de Berre. Mais gare aux patrouilles allemandes ! La sanction, impitoyable, ne se limitait pas toujours à la confiscation des produits de contrebande...

Machaon

certains alcools et boissons apéritives renommés. Mais dans le vallon de Ferrière, c'est le génépi qu'on cultive et qu'on fait macérer, avec des morceaux de sucre, pour préparer des digestifs un brin sirupeux que vous aurez peut-être l'occasion de goûter.

Descendre au milieu des prairies le long du Rio de Ferrière, jusqu'aux abords du pittoresque hameau de Ferrière. Un peu avant le hameau au niveau d'une balise, tourner à gauche pour rejoindre rapidement le centre et le refuge Becchi Rossi 9.

Au cœur de Ferrière, dans une antique ferme représentative de l'habitat d'autrefois, ne manquez pas la visite de la Maison du Contrebandier ! Les outils, les ustensiles et les vêtements utilisés au quotidien rappellent combien la vie était rude dans ce fond de vallée isolé.

De Ferrière au refuge de Vens

Jour 5 CHAMOIS SANS FRONTIÈRES

Les animaux ignorent les frontières fixées par les hommes. Chamois, bouquetins ou mouflons passent de l'Italie vers la France, ou inversement. À vos jumelles pour entrevoir cette faune transfrontalière !

PRATIQUE

LOCALISATION

Hameau de Ferrière (1 880 m)
GPS 44.3586, 6.9549

ÉCOUTEZ SURVOLEZ IDENTIFIEZ

ACCÈS

Possibilité de rejoindre Ferrière par l'Italie : à 6 km de Bersezio par la SS21. Départ depuis le refuge Becchi Rossi.

DURÉE / DIFFICULTÉ

7,5 km. ↗ 780 m / ↘ 300 m. 4 h 30.

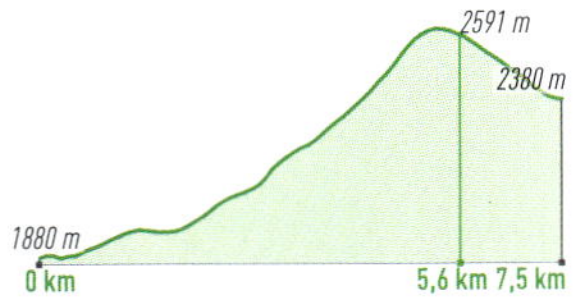

CONSEILS

Période conseillée : mi-juin à fin septembre, car le sentier passe en altitude à plus de 2 500 m, où la neige risque d'être présente en dehors de cette période.

Depuis le refuge Becchi Rossi, traverser le hameau, laisser à droite le sentier en direction du col de Pouriac et descendre à gauche sur le GR® 52 GTM, direction col du Fer. Franchir le rio Ferrière 1 sur une passerelle et remonter le sentier bordé de mélèzes le long de vertes prairies.

Tandis que quelques grives draines se dispersent peut-être à votre approche, au niveau du croisement avec le sentier du col de Pouriac, sur votre gauche, s'étend un véritable champ de chénopodes Bon-Henri. Baptisée ainsi en hommage au roi Henri IV qui avait encouragé la création de jardins vivriers, cette plante riche en vitamine A se déguste en légume et en potage. Comme l'ortie, le chénopode se développe sur des sols riches en nitrate, généralement à l'emplacement d'anciens reposoirs à vaches.

Le sentier poursuit en passant devant une croix et descend jusqu'à un carrefour balisé. Laisser à gauche le sentier en direction de Pontebernardo et continuer tout droit

vers le col du Fer, en remontant parallèlement au rio di Forneris. À une jonction de sentiers, prendre celui de gauche. Rejoindre le plan de Belvéire et sa cabane de chasse privée (Gias del Bal) 2.

Pendant une grande partie de la remontée du vallon, une végétation très particulière colore les zones de rocaille sèche sur votre droite. Lychnis des Alpes, saponaire, joubarbe ou cynoglosse apprécient ce sol ingrat et la chaleur de cet adret qui découragent les autres

Les habitués des lieux

Niverolle alpine, traquet motteux, rouge-queue, grive draine, aigle royal, hirondelle des rochers…

Bouquetin, chamois, mouflon corse, mouton, loup, marmotte, vache piémontaise…

Piéride du vélar, zygène transalpine, arcyptère bariolée…

Benoîte des ruisseaux, rhinanthe crête de coq, gentiane acaule, saponaire faux basilic, chénopode Bon-Henri, lychnis des Alpes, saponaire, joubarbe, cynoglosse…

Chamois

Le mouflon, un voyageur venu de Corse

Ancêtre du mouton domestique, le mouflon a été introduit sur le continent européen à partir de spécimens capturés en Corse, pour la France, ou en Sardaigne, pour l'Italie. Même si on peut le rencontrer à des altitudes relativement élevées en été, cet animal grégaire n'est pas adapté à la neige et se réfugie en fond de vallée en hiver.

plantes. Mais l'ambiance change avant même d'atteindre la fontaine du plan de Belvéire et son abri : les alpages verdoyants, plus humides, reprennent le dessus. À propos d'abri, ouvrez l'œil désormais ! Sous certains blocs rocheux surplombants, les bergers d'autrefois ont aménagé plusieurs refuges austères pour se protéger des éléments. Plus personne ne les utilise mais, à l'image des anciens parcs à moutons que vous remarquerez peut-être, ils incarnent une partie du patrimoine alpin.

Le sentier continue de monter, traversé par plusieurs ruisseaux, franchit une zone d'éboulis instables et contourne par la gauche un imposant pic rocheux. Parvenir à un replat et rejoindre le haut du vallon de Forneris ❸.

Par une dernière montée soutenue le long d'une combe, atteindre le col du Fer (2 584 m, balise 35) ❹.

Il n'est pas fréquent de rencontrer sur un même secteur les trois principaux ongulés sauvages du Mercantour ! Mais ici, de part et d'autre du col, chamois, bouquetins et mouflons partagent un territoire commun. L'abondance de ces proies potentielles attire d'ailleurs leur grand prédateur naturel, le loup. À moins d'observer leurs traces dans la terre meuble ou d'ultimes névés, il est difficile d'imaginer que plusieurs de ces infatigables canidés ont peut-être franchi le col dans la nuit ou au petit matin, juste avant votre venue. Et pourtant, cette éventualité n'a rien de loufoque !

Basculer sur le versant français, prendre à gauche en direction du refuge de Vens, rejoindre assez rapidement le collet de Tortisse (2 591 m - b.35a) ❺, juste en dessous des aiguilles du même nom.

Avant d'entamer la descente, ne manquez pas d'immortaliser le paysage par un ou deux clichés ! Le mont Viso (3 841 m), seigneur des Alpes cottiennes, s'élève dans le lointain bien au-dessus de ses innombrables sujets. Gardez d'ailleurs votre appareil photo à portée de main, vous allez en avoir besoin ! Pour commencer, peu de temps après le col, une sente hors GR®, sur votre droite, vous permet de faire un aller-retour jusqu'aux aiguilles de Tortisse. Formées de pitons de roche délitée jaune et grise, ces aiguilles offrent un magnifique belvédère sur les lacs de Vens en contrebas. Peu après, de retour sur le sentier balisé, sur un replat chargé de blocs rocheux, vous attendent quelques magnifiques stations d'éritriches nains aux fleurs azurées. Cette plante très résistante se rencontre jusqu'à l'étage nival, à plus de 3 500 m d'altitude, où elle peut survivre des dizaines d'années.

Arche de Tortisse

Descendre par de grands lacets vers le refuge et passer près de l'arche de Tortisse 6, pour atteindre les balises 24 puis 25 7.

Un peu plus loin, le spectacle continue, avec d'une part l'extraordinaire chapelet des lacs de Vens et d'autre part la fameuse arche de Tortisse qui n'est pas sans rappeler quelques paysages de westerns. L'hirondelle des rochers qui zigzague à une vitesse folle sous la voûte rocheuse apprécie visiblement elle aussi ce site grandiose.

Franchir sur une passerelle le ruisseau de Terre Rousse et atteindre le refuge de Vens (2 380 m) 8.

Comme cette étape est assez courte, vous pouvez profiter de la fin d'après-midi pour divaguer dans les alpages à la recherche du très rare criquet bariolé, arcyptère bariolée de son vrai nom. Si sa présence a été confirmée aux alentours des cols de la Bonette ou de la Cayolle, en l'état des connaissances actuelles, ce discret orthoptère occupe autour du refuge de Vens l'un de ses ultimes bastions d'ici à la mer Méditerranée.

Des langues de chiens pour lutter contre l'insomnie

C'est à cause de l'aspect râpeux et de la forme de ses feuilles que cette plante a été dénommée la cynoglosse, la langue de chien ! Longtemps utilisée en phytothérapie pour lutter, entre autres, contre la dysenterie, la toux ou le rhume, elle est encore employée en homéopathie pour contrer les insomnies.

Niverolle alpine

Du refuge de Vens au refuge de Rabuons

Jour 6

UN BALCON SUR LA TINÉE

Les parcours sans montée ni descente sont rares en montagne ! Mis à part le début et la fin de cette étape, c'est pourtant ce qui vous attend sur le chemin de l'Énergie, un balcon baigné de lumière au-dessus de la vallée de la Tinée.

PRATIQUE

LOCALISATION

Refuge de Vens (2 380 m)
GPS 44.3167, 6.9419

ÉCOUTEZ SURVOLEZ IDENTIFIEZ

ACCÈS

Refuge de Vens (2 380 m)

DURÉE / DIFFICULTÉ

13,5 km. ↗ 520 m (+740 m par la déviation) / ↘ 360 m (↘ 560 m par la déviation). 5 h (7 h par la déviation).

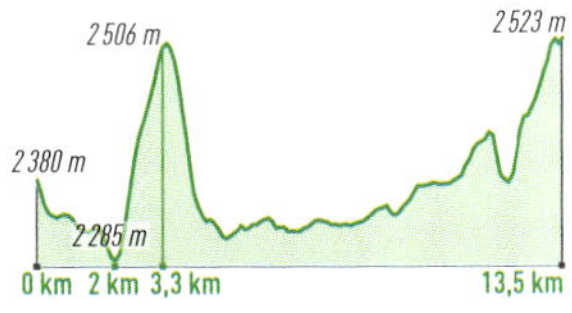

CONSEILS

Période conseillée : mi-juillet à fin septembre, car le sentier passe en altitude à plus de 2 500 m, où la neige risque d'être présente en dehors de cette période.

Depuis le refuge de Vens, rejoindre le GR® 52 GTM à la balise 25, ignorer le sentier de droite qui monte en direction du col du Fer et bifurquer sur la gauche pour descendre direction le refuge de Rabuons, en rive droite du lac supérieur de Vens 1.

S'enchaînant sur plusieurs paliers, les lacs de Vens sont les vestiges des dernières glaciations. Il y a 12 000 ans environ, avec la hausse des températures, s'achevait la dernière période glaciaire du Würm. En se retirant et en fondant, les masses de glace qui recouvraient les Alpes du Sud ont donné naissance, derrière des verrous rocheux, à la plupart des lacs que vous admirerez durant votre traversée du Mercantour. Les remarquables polis glaciaires, ces rochers en forme de dos de baleine qui les séparent sont aussi un témoignage de ces époques révolues.

Le sentier longe les lacs médians (balise 27) et inférieurs par la droite, puis traverse le déversoir en empruntant une passerelle (2 285 m, balise 26) 2.

Le sentier s'éloigne parfois du bord des lacs pour éviter un ressaut rocheux.

Les eaux claires abritent de nombreuses truites tandis que les rivages, en plus des grenouilles rousses, accueillent toute une population d'insectes ! Si les moucherons se montrent parfois agaçants, ce n'est pas le cas d'une assez rare mais fascinante libellule : le sympétrum de Fonscolombe. Jadis commun dans le sud de l'Europe elle souffre du réchauffement climatique et remonte en altitude comme en latitude. Avec son long abdomen rougeâtre, le mâle se distingue facilement de la femelle qui arbore des couleurs jaunes.

Monter plein sud sur un sentier escarpé jalonné de cairns, vers le lac des Babarottes puis atteindre la large crête homonyme (2 506 m) 3.

La toponymie, l'origine des noms de lieux, réserve parfois d'étranges découvertes ! Dans le sud de la France, le surnom de Babarottes désigne les blattes et cafards. Mais les pêcheurs à la mouche ont aussi donné ce nom au petit hanneton des jardins utilisé pour ferrer les truites ! Si vous levez les yeux au ciel, vous aurez sans doute l'occasion d'apercevoir le faucon crécerelle, battant des ailes sur place, son fameux vol en Saint-Esprit, pour repérer ses proies.

Descendre alors le sentier en versant sud pour rejoindre bientôt par une série de lacets la balise 113 4.

Ignorer le sentier qui descend à droite vers le gué de Vens et continuer sur le sentier pierreux et peu commode pour atteindre le début du chemin de l'Énergie. Suivre ce large chemin panoramique quasiment à plat jusqu'à la crête de Balaï (balise 112) 5.

/ Une option de retour pour Saint-Étienne-de-Tinée est décrite page 122. /

Sur plus de 8 km, ce cheminement quasiment horizontal domine la vallée et permet de profiter de panoramas somptueux. Cet itinéraire hors du commun a été tracé entre les deux guerres par la compagnie Énergie Électrique du littoral méditerranéen. Pour venir à bout des ravines, des reliefs tourmentés et des éboulis instables, les ouvriers n'ont pas ménagé leurs efforts. L'objectif était d'acheminer hommes et matériaux sur des sites de captage d'eau. Des conduites forcées auraient dû être installées pour canaliser les torrents issus des lacs. Celles-ci auraient alors apporté une puissance colossale à une centrale hydro-électrique implantée à Saint-Étienne-de-Tinée. Après l'abandon de ce projet, le chemin de l'Énergie un temps délaissé accueille à présent les pas des randonneurs !

▼ Le cincle plongeur, un spécialiste de la plongée en eau froide

Inféodé aux cours d'eau oxygénés, cet oiseau sédentaire de 18 cm environ se repère sans difficulté lorsqu'il est perché sur un rocher au milieu de l'onde. Pour se nourrir, il s'immerge entièrement dans l'eau, s'agrippe sur le fond, marche à contre-courant et picore son menu.

LES SECRETS DU NATURALISTE

À écouter dans l'appli mobile

Observations rares, curiosités, révélations inattendues... Un passionné vous raconte.

Un sentier soumis aux éboulements

En raison d'un risque récurrent de chutes de pierre, le chemin de l'Énergie est sous surveillance depuis 2013. Pour assurer la sécurisation d'un tel itinéraire au sein d'un espace protégé, les contraintes ne manquent pas. Ainsi, avant chaque purge de paroi, des prospections de la faune et de la flore sont menées pour vérifier qu'aucune espèce rare et menacée ne sera affectée par l'opération.

Traverser deux tunnels et atteindre les maisons EDF de Plan de Ténibre (balise 111) 6.

Le sentier contourne le verdoyant Plan de Ténibre.

/ Déviation :

Au jour de la préparation de ce guide, le chemin de l'Énergie est partiellement fermé entre les balises 111 et 110. Une déviation est mise en place en période estivale depuis la balise 111, en montant au lac Fer et en descendant au lac Pétrus (balise 110). L'itinéraire est jalonné par une signalétique jaune matérialisant la déviation. Prendre soin de la suivre scrupuleusement.

À la balise 111, ne pas poursuivre alors sur le chemin de l'Énergie. Le sentier de déviation s'élève rapidement à travers une pente raide. Parvenir à un large replat et continuer jusqu'au lac Fer (2 541 m) A.

Rejoindre une baisse par un petit sentier à droite du lac, amorcer la descente par une trace raide et glissante et retrouver à nouveau le chemin de l'Énergie au niveau du lac Pétrus, poursuivre le sentier à gauche jusqu'à la balise 110 7. /

Poursuivre en direction du lac Pétrus jusqu'à la balise 110 7. Ignorer le sentier qui descend à Saint-Étienne-de-Tinée et poursuivre sur le chemin de l'Énergie jusqu'à la balise 103 8. Ignorer le second sentier qui descend vers Saint-Étienne-de-Tinée.

Après la traversée de deux tunnels, vous découvrez au loin le verrou du lac de Rabuons et, planté sur son promontoire, le refuge qui vous accueillera pour la nuit !

Saxifrage à fleurs nombreuses

Continuer en direction du refuge de Rabuons et monter vers le cirque de Rabuons jusqu'à la balise 104 9.

Poursuivre jusqu'à la balise 105 pour rejoindre le refuge (2 523 m) 10 qui surplombe le lac de Rabuons.

Encore un lac ! Et avec ses 16 hectares de superficie, c'est le plus grand des Alpes-Maritimes. Quant aux abords du refuge, ils abritent plusieurs pieds d'une plante emblématique du Parc national, la saxifrage à fleurs nombreuses. N'hésitez pas à demander des renseignements au gardien pour découvrir ces trésors botaniques !

Les habitués des lieux

- Aigle royal, faucon crécerelle, linotte mélodieuse, rouge-queue noir...
- Chamois, mouflon, marmotte...
- Grenouille rousse...
- Sympétrum de Fonscolombe, petite nymphe au corps de feu...
- Truite...
- Primevère marginée, joubarbe à toile d'araignée, silène acaule, saxifrage à fleurs nombreuses...

LE LAC D'ALLOS

est une star des Alpes-de-Haute-Provence, et le plus grand lac naturel d'altitude d'Europe. Le site est protégé et on y croise souvent des marmottes, des chamois et des bouquetins. Sur la surface limpide du lac, autour duquel les animaux se retrouvent pour s'abreuver à la tombée du jour, le ciel se reflète parfaitement et offre des nuances bleutées extraordinaires. *Un itinéraire passant par le lac d'Allos permet de rejoindre Estenc sur le GR® 52 GTM (voir p118).*

Du refuge de Rabuons au refuge A. Foches

Jour 7 TRAVERSÉE PANORAMIQUE

PRATIQUE

LOCALISATION

Refuge de Rabuons (2 523 m)
GPS 44.2685, 6.9780

ÉCOUTEZ SURVOLEZ IDENTIFIEZ

ACCÈS

Refuge de Rabuons (2 523 m)

DURÉE / DIFFICULTÉ

15,7 km. ↗ 690 m / ↘ 1250 m. 7 h.

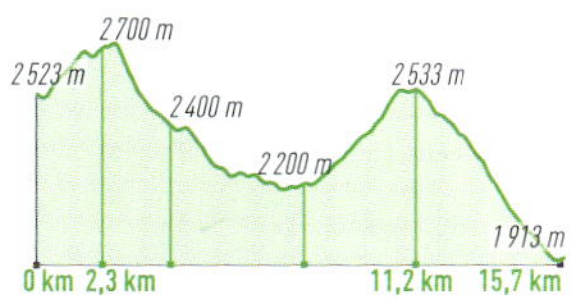

CONSEILS

Période conseillée : mi-juillet à fin septembre, car le sentier passe en altitude à plus de 2 500 m, où la neige risque d'être présente en dehors de cette période.

Comme si cette longue traversée en altitude n'offrait pas assez de panoramas grandioses, plusieurs lacs permettent aux montagnes de se refléter dans leurs miroirs bleutés. Encore une fois, vous en prenez plein les yeux !

Depuis le refuge de Rabuons (2 523 m), prendre le GR® 52 GTM en direction du sud-est, pour rejoindre le lac de Rabuons (balise 105 a - 2 500 m) 1.

La veille, vous avez traversé plusieurs zones dominées par d'importants glaciers rocheux. Vestiges des glaciations passées, ces étranges formations composées d'une bouillie de glace, de boue et de cailloux mêlés, sont souvent difficiles à repérer dans le paysage. Mais pour une fois, face à vous, des bourrelets de roches forment une immense langue aisément identifiable sous le sommet du Corborant. Cette série de remblais concentriques trahit la présence d'un glacier souterrain. D'ailleurs, tout autour du lac de Rabuons, on n'en compte pas moins de cinq, plus ou moins grands ou dangereux. Dangereux, ils peuvent le devenir avec la hausse des températures : la glace fond rapidement, malgré la couverture de pierres censée la protéger, et cette fonte brutale peut engendrer des éboulements ou des coulées de boues torrentielles. D'importantes études sont en

Cueillir le génépi : la réglementation

Au sein du Parc national du Mercantour, la cueillette de certaines variétés de génépi est autorisée, mais réglementée. Au mois d'août seulement, le prélèvement de 80 brins maximum par personne et par an est autorisé pour le génépi des glaciers, le génépi blanc et le génépi à fleurs cotonneuses. Attention, la cueillette du véritable génépi, *artemisia genipi* ou génépi noir, est totalement interdite du fait de sa rareté dans le massif.

cours à travers toutes les Alpes pour étudier ces glaciers rocheux et prévenir tout accident !

Le sentier passe entre une série de petits lacs et poursuit en s'élevant vers la cime de la Valette (2 701 m). Passer sur le versant sud en descendant par des éboulis sous la Tête de Jassine. Rejoindre à travers quelques lacets la crête de Jassine (2 700 m) ❷.

Ce secteur minéral abrite le lagopède alpin aux ailes blanches. Dans cet univers inhospitalier, les femelles installent leur nid au mois de juin, à l'abri d'un rocher. Patiemment, elles récupèrent un peu d'herbe et quelques plumes pour en faire une litière où elles pondent jusqu'à 10 œufs. Au bout de deux semaines à peine, les poussins sont capables de s'envoler et, fin août, ils sont totalement autonomes. Au début de l'été, les couvées sont très sensibles au dérangement. Ne quittez pas le sentier et n'essayez pas de vous approcher d'un de ces oiseaux magnifiques !

Gagner le vallon de la Clapière ❸. Le sentier traverse alors un pierrier puis contourne la crête de Malaterre pour rejoindre la crête de Chabraire (2 400 m, balise 105 b) ❹.

À travers des alpages assez raides, sur les rochers, résistant aussi au gel qu'à la sécheresse, les coussins de silènes acaules attirent parfois l'attention. Pour survivre aux rudes conditions climatiques d'altitude, cette plante se développe sous forme de coussinets aux feuilles minuscules sur lesquels se pressent parfois des dizaines de fleurs roses sans tiges. Le plus étonnant, c'est la longévité de ces touffes : plusieurs décennies voire jusqu'à un siècle ! À condition qu'aucune pointe de bâton ne se plante dans le coussin... Ce simple impact peut entraîner une mort rapide par dessèchement ou gelure !

Descendre le sentier en balcon vers les sources du vallon du Bourguet (2 250 m) ❺.

LES SECRETS
DU NATURALISTE

À écouter dans l'appli mobile

Observations rares, curiosités, révélations inattendues...
Un passionné vous raconte.

Superprédateurs du Mercantour

L'aigle et le loup sont des superprédateurs : ils sont en mesure de s'attaquer à d'autres prédateurs moins puissants, mais ne sont la proie d'aucun autre animal. Les derniers comptages dans le Parc du Mercantour évaluent la population d'aigles royaux à près de 50 couples tandis que celle des loups se diviserait en 8 meutes qui comptent chacune de 2 à 10 individus.

Grand corbeau

Atteindre la crête de la Crosetta et son cairn. Une légère descente nous mène à la balise 105c (2 180 m) 6, intersection avec le sentier venant de Douans et conduisant au pas de Barbacane.

Au cœur de l'été, ce versant prend des allures de vaste steppe aux herbes jaunies. Les troupeaux de brebis sillonnent ces alpages arides, accompagnés de bergers, de chiens de conduite et de patous, les chiens de protection destinés à éloigner les loups. Un conseil : si un troupeau chôme aux heures les plus chaudes, ne vous approchez pas ! Quand le terrain le permet, contournez les brebis le plus largement possible pour ne pas les déranger, le berger vous en saura gré.

Silène acaule

Poursuivre le sentier à flanc en direction du Pas de Colle Longue et atteindre bientôt la crête de la Tête de Cimon, puis rejoindre le replat du Lagarot de Douans (2 200 m, balise 127) 7.

Ignorer le sentier qui descend au hameau de Douans, et poursuivre sur le GR® 52 GTM menant au Pas de Colle Longue (2 533 m, balise 59) 8.

D'anciennes cabanes militaires peuvent vous servir d'abri.

Descendre vers le grand lac de Colle Longue. À la balise 59a, laisser à droite le sentier qui monte vers la Tête de l'Autaret et continuer la descente. À la jonction, un peu au-dessus du lac, ignorer le sentier qui part à gauche en direction de la Cima Collalunga et continuer sur le chemin principal. Atteindre la frontière italienne matérialisée par la borne frontière 9.

Le plus grand des lacs invite à une pause méritée, voire à une petite baignade dans ses eaux claires ! Du col, le panorama est exceptionnel sur toute la Tinée et sur les crêtes sauvages du versant italien.

Poursuivre en descente sur l'ancienne piste militaire. Juste après le deuxième lacet vers la droite, emprunter le raccourci balisé qui coupe les lacets de la piste. Retrouvez la piste au niveau du lac di Mezzo 10.

Quitter un peu plus loin la piste pour emprunter à nouveau le raccourci balisé, qui coupe la piste à plusieurs reprises, et rejoindre le lac San Bernolfo 11.

Du lac, remonter quelques mètres par la piste, passer aux abords d'une cabane de chasse, et arriver au refuge Alexandris Foches ou refuge del Laus (1 913 m) 12.

Les habitués des lieux

- Aigle royal, vautour fauve, grand corbeau, lagopède alpin...
- Mouflon, bouquetin, brebis, loup...
- Achillée erba-rota, silène acaule, génépi des glaciers, saxifrage musquée...

Aigle royal

Du refuge A. Foches à Sant'Anna di Vinadio

Jour 8

SOUS LE SIGNE DE L'EAU

PRATIQUE

LOCALISATION

Refuge Alexandris Foches (1 913 m)
GPS 44.24859, 7.04732

ÉCOUTEZ SURVOLEZ IDENTIFIEZ

ACCÈS

Refuge Alexandris Foches (1 913 m)

DURÉE / DIFFICULTÉ

13 km. ↗ 990 m / ↘ 845 m. 6 h.

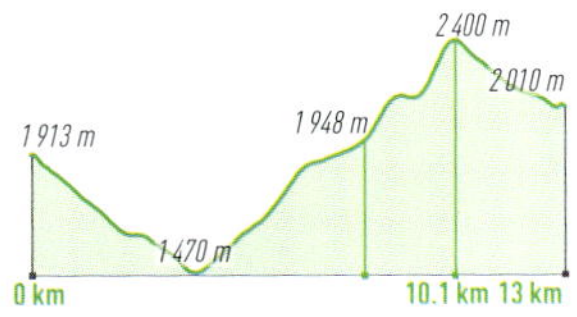

CONSEILS

Période conseillée : mi-juin à fin septembre, car le sentier passe en altitude à plus de 2 400 m, où la neige risque d'être présente en dehors de cette période.

Forêts humides dignes des Alpes du Nord, torrents mugissants, mares et lacs de montagne, cette journée est placée sous le signe de l'eau. Un autre univers par rapport à toutes les étapes précédentes !

Du refuge, descendre direction nord pour rejoindre dans un lacet aux abords du vallon du Corborant, l'intersection avec le sentier menant à San Bernolfo ❶.

Chaque été, avec le retour de ses résidents, San Bernolfo revit. L'hiver, il n'y a aucun habitant dans la haute vallée et la route étroite qui monte du village de Bagni di Vinadio n'est pas déneigée. Les sombres forêts de sapins pectinés et d'épicéas profitent de cet abandon pour s'étendre lentement. Jadis très peuplées, toutes les vallées encaissées qui se perdent dans les montagnes depuis la plaine de Cuneo s'avèrent aujourd'hui de véritables déserts. Vous aurez bientôt un aperçu de ce que deviennent les fermes séculaires, lorsqu'elles ne sont pas transformées en résidences secondaires, au hameau de Callieri...

Prendre la piste sur la droite, pour franchir par une passerelle un premier vallon, puis un deuxième un peu plus loin, et continuer vers le nord. Poursuivre la descente en sous-bois et traverser une nouvelle passerelle juste avant Callieri ❷.

Spécialiste des forêts humides, la chétive pensée à deux fleurs parvient à pousser à l'ombre des sapins et des épicéas. Son nom est trompeur, car si une même tige donne bien naissance à deux fleurs jaunes au pétale inférieur marqué de trois lignes brunâtres, celles-ci n'apparaissent jamais en même temps, la cadette attendant que son aînée disparaisse pour s'épanouir à son tour.

Atteindre la balise P19/02 et poursuivre direction Passo di Tesina sur un chemin en rive droite du Rivo di Corborant. Remonter le Rivo de Tésina et atteindre le replat de Capanna du Tesina (1 948 m) 3.

Tout au long de cette montée, le grondement du torrent vous accompagne. Ce vacarme perpétuel, surtout en début d'été, ne perturbe

Lichen de rocher

Au Passo di Tesina, un magnifique lichen jaune a colonisé la surface inhospitalière des parois rocheuses. Résultant d'une symbiose parfaite entre des algues microscopiques et des champignons, ces lichens sont capables de survivre à des variations de température incroyables, supportant sans peine des minimas de - 40 ° Celsius en hiver et des maximas à de + 40 ° en été !

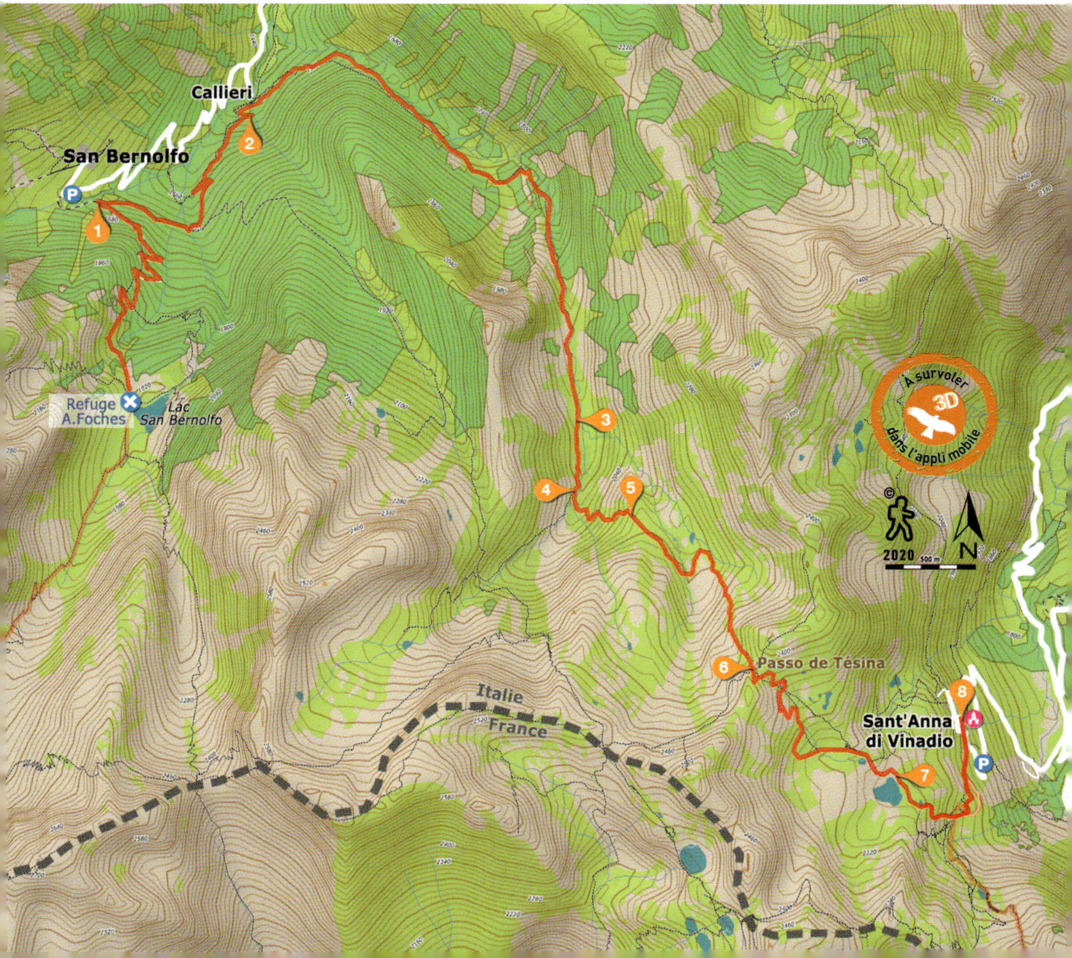

Le sanctuaire de Sant'Anna di Vinadio

La légende du sanctuaire

La tradition affirme que sainte Anne, la mère de la Vierge Marie, serait apparue au Moyen Âge aux yeux de la bergère Anna Bagnis, une enfant du pays, aux abords du lac de Sant'Anna. Elle aurait alors indiqué l'endroit précis où elle souhaitait voir ériger un sanctuaire.

aucunement le cincle plongeur qui sillonne son territoire en frôlant l'écume du bout de ses ailes. Dès qu'on quitte l'ombre de la hêtraie-sapinière, l'humidité du cours d'eau permet à une végétation luxuriante de se répandre. Avec des brassées d'herbe haute, des fougères, des ombellifères, des lamiers maculés, des géraniums des bois et tout un cortège de sorbiers ou de saules, cette végétation typique des friches humides forme ce que les botanistes appellent une mégaphorbiaie, une zone de grands végétaux. L'arrivée au replat de Capanna du Tesina marque la fin de ce type de végétation et l'entrée dans la zone de combat, la limite entre forêt et alpage.

Poursuivre en montant le long du vallon jusqu'à l'intersection avec le sentier sur la droite qui descend du Passo del Bue (balise P19/03). 4.

Trop souvent, les randonneurs, et on les comprend, focalisent leur attention sur les pièges à éviter le long du sentier et ne surveillent pas assez le paysage. Conséquence, à l'étape, le soir, au moment du dîner partagé, il n'est pas rare d'entendre des marcheurs se plaindre de n'avoir vu aucun animal. Pourtant, la faune est omniprésente dans le massif du Mercantour et le long de la chaîne frontalière. D'ailleurs, quelques chamois furtifs parcourent les pelouses et les pierriers ponctués de mélèzes que vous traversez à présent. Ne vous précipitez donc pas vers le col ! La descente vers le sanctuaire, sur l'autre versant, est courte et facile. Prenez le temps d'observer, d'écouter, de vous arrêter, vous en serez forcément récompensés !

Prendre sur la gauche une passerelle en direction de Passo di Tesina, et remonter jusqu'à la balise P19/04 (2 153 m) 5.

Poursuivre le sentier qui monte au Passo di Tesina (2 400 m) 6.

Depuis le col, le double panorama ne manque pas de contrastes. D'un côté, le sauvage vallon que vous venez de remonter ne présente guère de traces d'occupation humaine, à l'exception du sentier taillé dans la roche qui file en direction d'une caserne vers la frontière. De l'autre, la large piste militaire et la route du col de la Lombarde vous invitent à pénétrer dans un monde où de nombreux Italiens se baladent en famille... Fini la solitude ! À moins d'une heure de marche, le sanctuaire de Sant'Anna di Vinadio, le plus haut d'Europe, attire chaque été des milliers de personnes. Le summum de l'affluence se concentre autour du 15 août et le 26 juillet, pour la grande fête patronale dédiée à saint Joachim, le père de Marie. Ces jours-là, les abords du sanctuaire sont bondés !

Descendre par un large sentier en lacets vers le sanctuaire jusqu'au lac de Sant'Anna (balise 343 - 2 167 m) 7.

Petits ruisseaux, mares et lac se succèdent. Omniprésente, la grenouille rousse a colonisé la plupart des points d'eau et s'enfuit en bondissant dès qu'on s'approche. Si elle ne craint rien du rouge-queue et du traquet motteux qui volettent de rocher en rocher, elle se méfie des rapaces qui peuvent la chasser, et plus encore des couleuvres à collier qui la consomment. La grenouille ingurgite des vers, des mollusques, des araignées et des insectes, la couleuvre se régale des amphibiens, le circaète Jean-le-Blanc avale à son tour le serpent, voilà un bel exemple de chaîne alimentaire !

Continuer le sentier qui passe devant à la statue de Sant'Anna et poursuivre jusqu'au sanctuaire de Sant'Anna di Vinadio (2 010 m) 8.

Les habitués des lieux

- Chocard à bec jaune, pipit des arbres, geai des chênes, merle noir, cincle plongeur, circaète Jean-le-Blanc...
- Chamois, chevreuil, marmotte, blaireau, renard...
- Grenouille rousse...
- Sirex géant, pissode de l'épicéa, anostire pourpre...
- Géranium des bois, pensée à deux fleurs, raiponce noire, épilobe en épi, sorbier des oiseleurs, cytise des Alpes, fougère, ombellifère, lamier maculé...

Chocard à bec jaune

De Sant'Anna di Vinadio à Isola 2000

Jour 9 DU SANCTUAIRE À LA STATION DE SKI

Le col de la Lombarde tire son nom d'un vent d'est que les montagnards redoutent en été, car il amène la pluie, mais l'espèrent en hiver, car il annonce la neige. Ce passage ancestral relie aujourd'hui le plus haut sanctuaire d'Europe à la station emblématique des Alpes-Maritimes, Isola 2000 !

PRATIQUE

LOCALISATION

Sant'Anna di Vinadio (2 010 m)
GPS 44.2311, 7.1061

ÉCOUTEZ SURVOLEZ IDENTIFIEZ

ACCÈS

Depuis l'Italie, suivre la SP255 jusqu'à Sant'Anna di Vinadio. Depuis la France, à Isola 2000, prendre la M97 et rejoindre Sant'Anna di Vinadio (13,2 km). Départ à la sortie du hameau.

DURÉE / DIFFICULTÉ

10,4 km. ↗ 540 m / ↘ 480 m. 5 h.

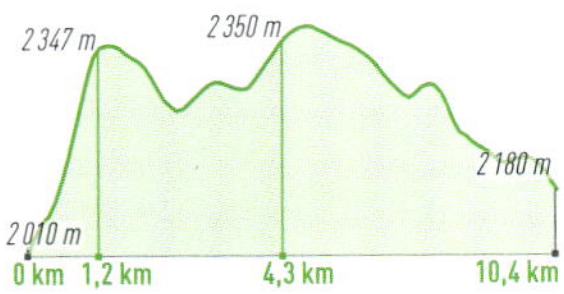

CONSEILS

Période conseillée : fin-juin à fin septembre, car le sentier passe en altitude à plus de 2 300 m, où la neige risque d'être présente en dehors de cette période.

Ⓧ À la sortie de Sant'Anna, suivre la route montante en direction de la statue de la Vierge. Continuer la piste jusqu'à la borne B342 ❶, intersection entre les sentiers du Passo di Tesina et le Lago del colle di Sant'Anna.

Avant votre départ, ne manquez pas la visite de l'église dédiée à sainte Anne ! Celle-ci présente la double particularité d'être bâtie en pente, son plancher incliné remontant sensiblement jusqu'au chœur, et d'abriter des centaines d'ex-voto accrochés à ses murs. Des rangées de dessins, de photographies ou de peintures témoignent d'accidents de voitures ou de tracteurs, de chasse, de luge ou d'avions qui, grâce à l'intercession miraculeuse de la patronne des lieux, n'ont pas connu d'issue tragique !

Prendre à gauche vers le sud pour découvrir le Lago del colle di Sant'Anna (2 156 m) ❷.

Certes, vous pourriez vous contenter d'observer les cohortes de têtards qui se pressent en masse compacte dans le petit lac. Mais

levez plutôt la tête et surveillez le ciel ! En provenance des gorges du Verdon, voire, parfois, de la Drôme, le vautour fauve franchit en toute impunité la frontière pour s'enquérir de charognes de brebis ou de vache à nettoyer sur le versant italien. Nettoyer est bien le terme approprié : en moins de deux heures, une escadrille de vautours vient en effet à bout d'une carcasse de mouton et ne laisse derrière elle que des os, à l'attention notamment du gypaète barbu. Le vautour joue un rôle essentiel en montagne, celui d'équarrisseur qui évite les pollutions bactériologiques générées par les charognes en décomposition.

Le sentier contourne le lac par la gauche, pour s'élever par de grands lacets pierreux, et déboucher en dessous de la cime Moravachère sur la droite. Poursuivre en direction du sud-est, et gagner le col de la Lombarde (balise 100 - 2 350 m) ❸ par une piste côté italien.

Les vestiges militaires sont nombreux tout au long de ce tronçon. Casernes ruinées, postes de combat sommaires, casemates imposantes sur la droite du col, juste avant d'entamer la descente, témoignent d'un passé douloureux qui semble résister au temps. Mais en contrebas de la crête, sur le versant français, les étranges canons métalliques ne datent pas de la dernière guerre ! Ce sont des exploseurs Gazex, des déclencheurs préventifs d'avalanches installés ici pour assurer la sécurité des vacanciers montant en hiver à Isola 2000. La route qui dessert la station est en effet exposée à

Hermine

▲ Prédateur camouflé

Avec ses 40 cm, queue comprise, pour un poids de 400 grammes au maximum, l'hermine ne paraît guère menaçante. Mais parce qu'elle déborde d'énergie et qu'elle vit en altitude, dans un milieu hostile, elle est capable d'ingurgiter chaque jour la moitié de son poids ! Grâce à son pelage homochrome avec son environnement, aussi bien l'hiver que l'été, elle est la terreur des campagnols, mulots, musaraignes, oiseaux et jeunes lièvres.

Borne frontière

de nombreux couloirs d'avalanche et nécessite une attention toute particulière.

Du col, descendre la route asphaltée vers Isola 2000 sur quelques centaines de mètres, jusqu'à la balise 99 ❹.

Prendre le sentier alternant les pierriers et les éboulis pour rejoindre le haut de la station de ski jusqu'à la balise 98 ❺.

À quelques encablures de la plus importante station des Alpes-Maritimes, de nombreuses marmottes colonisent les pentes caillouteuses en y creusant de longs terriers. Pourtant, la végétation n'a rien d'extraordinaire sur ces pentes ingrates, les plantes coriaces et les genévriers ne laissant guère d'espace aux belles pelouses. Mais la nature fait bien les choses ! Comme le lièvre, pour mieux digérer les végétaux les plus rigides, la marmotte a la particularité d'être cæcotrophe. Pour faire simple, elle ingurgite ses premiers excréments chargés de bactéries issues du cæcum qui lui permettent d'assimiler la cellulose des végétaux et d'en tirer vitamines et nutriments. Ses secondes crottes, sèches et dures, ne sont en revanche plus consommées !

De là, suivre le balisage pour retrouver un peu plus bas l'intersection avec le sentier des lacs de Terre Rouge (balise 91) ❻.

Descendre alors sur la droite sur le sentier jusqu'à la partie haute de la station d'Isola 2000 (balise 90a), puis en empruntant la route Adrech de Barris, arriver à la RM 97 (balise 90) ❼.

Lors du traité de Paris de 1947, plusieurs secteurs géographiques frontaliers, parfois très enclavés, sont abandonnés par l'Italie au profit de la France. C'est le cas du vallon suspendu de Chastillon, à deux pas du col de la Lombarde. Or, en raison d'un microclimat

Le ski dans le Mercantour

Si la réglementation française interdit la construction de toute remontée mécanique dans les zones protégées des parcs nationaux, elle n'empêche pas l'implantation de stations en périphérie. Aux portes du Parc national du Mercantour s'étendent cinq stations importantes : Auron, dans la Tinée, La Colmiane, dans la Vésubie, Beuil et Valberg, à moins d'une heure de route de Nice, et enfin Isola 2000, la plus célèbre !

Pipit spioncelle

exceptionnel, cet alpage jouit d'un enneigement abondant qui attire l'attention de l'urbaniste Gérald Hanning et de l'architecte Henri Béri, au début des années 1970. Tous deux y entreprennent la création d'une station de ski résolument moderne, avec des immeubles intégrant appartements en étages et commerces au rez-de-chaussée, le tout dominant un long front de neige. Aujourd'hui, on retrouve sans peine la barre d'immeubles initiale en bas de la station et les nouveaux bâtiments, couverts de bardages, qui grignotent peu à peu les pentes supérieures du vallon.

Les habitués des lieux

Traquet motteux, rouge-queue noir, pipit spioncelle, accenteur alpin, vautour fauve, gypaète barbu…

Brebis, vache, mouton, marmotte, hermine, campagnol…

Grassette vulgaire, vératre blanc, gentiane acaule, orchis tacheté…

LE « CASSEUR D'OS ».

Lorsqu'un animal meurt, le gypaète barbu attend patiemment son tour, sûr de récupérer les os que les autres vautours ne consomment pas. C'est à lui que revient la mission de nettoyage final. Ce vautour dispose de sucs digestifs puissants capables de décomposer la matière osseuse. Si l'os est trop gros, il l'emporte dans les airs et le lâche sur des rochers pour le briser et pouvoir ensuite l'ingurgiter.

D'Isola 2000 au refuge Questa

Jour 10

SUR LES PAS DU ROI CHASSEUR

PRATIQUE

LOCALISATION

Isola 2000 Balise 90 (2 070 m)
GPS 44.1863, 7.1612

ÉCOUTEZ
SURVOLEZ
IDENTIFIEZ

ACCÈS

Isola 2000 se trouve à 16,7 km d'Isola par la M97. Départ depuis le haut de la station.

DURÉE / DIFFICULTÉ

9,2 km. ↗710 m / ↘520 m. 5 h 30.

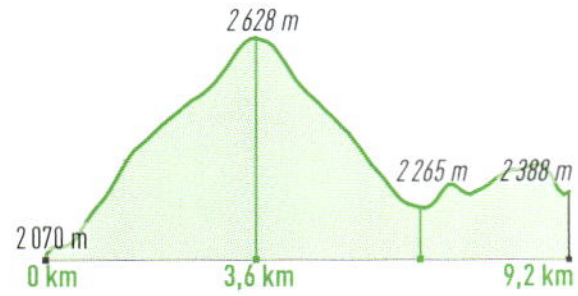

CONSEILS

Période conseillée : fin-juin à fin septembre, car le sentier passe en altitude à plus de 2 500 m, où la neige risque d'être présente en dehors de cette période.

Grand amateur de chasse en montagne, Victor Emmanuel II, premier roi d'Italie, était sous le charme des paysages que vous allez découvrir. Pour faciliter ses déplacements, il fit construire d'imposants chemins empierrés encore utilisés de nos jours.

Au départ du haut de la station d'Isola 2000 (balise 90), emprunter la petite route Adrech de Barris jusqu'au sentier des lacs de Terre Rouge (balise 90a) 1.

S'élever à travers les mélèzes jusqu'à la croisée des sentiers du col de la Lombarde et des lacs de Terre Rouge (balise 91) 2, vous rejoignez le GR® 52 GTM.

Malgré la proximité des remontées mécaniques, le secteur est fréquenté par quelque mésange boréale. Typique des forêts de l'étage subalpin, très résistant au froid, ce passereau sédentaire se distingue de sa cousine la mésange noire par l'absence de tache blanche sur sa nuque. On le repère aussi grâce à son chant monotone composé de répétitions de notes flûtées.

Remonter direction est, le torrent du vallon de Terre Rouge qui se franchit à gué avant d'atteindre la balise 92 3. Laisser à droite le sentier militaire qui descend du col Mercière, et

continuer sur le GR® 52 GTM plein nord pour rejoindre le verrou glaciaire (balise 93) ④, à l'intersection du sentier qui mène au pas du Loup et celui de la baisse de Druos.

Au cœur d'un cirque dominé par la cime de Tavels (2 795 m) et le mont Malinvern (2 938 m), le grand lac de Terre Rouge (2 452 m) s'étend sur votre droite tandis que vers le nord s'ouvre le pas du Loup. Le pas du Loup… La toponymie s'apparente souvent à une fenêtre sur l'histoire et la spécificité d'un lieu ! Car les loups sont en effet bien présents dans le secteur, notamment en raison de la présence de mouflons, herbivores un peu patauds, qu'ils parviennent à chasser plus aisément que les chamois. Vous êtes d'ailleurs tout près du vallon de Mollières où, en 1992, les agents du Parc national du Mercantour ont relevé les premiers indices de présence de loup en France après des décennies d'absence !

Continuer en contournant le lac de Terre Rouge vers la baisse de Druos (2 628 m, balise 94) ⑤, que vous atteignez après un large lacet remontant vers le nord.

Parco naturale delle Alpi Marittime

Situé dans la province de Cuneo, ce parc voit le jour en 1995 et s'étend sur plus de 270 km². Il est issu de la fusion du Parc naturel de l'Argentera et d'une réserve naturelle, eux-mêmes initiés par le souvenir de la réserve royale de chasse de Valdieri-Entracque créée en 1857. C'est cette longue tradition de protection de l'environnement qui explique aujourd'hui la richesse de la faune locale.

Mimétisme de survie

Pour résister aux conditions extrêmes de la haute-montagne en hiver, le lagopède alpin change de plumage avec les premières chutes de neige. Désormais immaculé, il se fond dans son environnement, presque invisible. Essentiellement végétariens, les adultes ne s'alimentent alors que de brindilles de saules nains, de rares bourgeons et de quelques graines.

Dès que le terrain se fait trop escarpé, les mouflons abandonnent le territoire à leurs cousins les bouquetins. Ceux-ci divaguent nonchalamment le long des crêtes frontalières et vous accueilleront peut-être au col. Peu farouches, ils ont failli disparaître au milieu du XIXe siècle après des millénaires de chasse intense. Entre sa viande comestible, sa fourrure épaisse, son trophée imposant et son os cardiaque en forme de croix auquel on attribuait de grands pouvoirs protecteurs, le bouquetin attisait toutes les convoitises des chasseurs. Après en avoir lui-même abattu des dizaines, Victor Emmanuel II se rendit compte que l'espèce était en train de disparaître. Prise de conscience tardive, certes, mais qui le poussa à créer des réserves de chasse royales afin de sauver les derniers représentants des ibex !

Le sentier descend vers d'anciennes casernes et des lacs jusqu'au lac inférieur de Valscura (2 265 m) 6, à l'intersection du sentier vers le col de Valscura et le refuge Malinvern, que vous laisserez à gauche.

Lagopède alpin

Quelques plantes particulièrement résistantes parviennent à s'épanouir au cœur de cet univers essentiellement minéral. C'est le cas de la superbe mais discrète androsace de Vandelli qu'on rencontre jusqu'à plus de 3 000 m d'altitude. Blottie au creux d'une fissure, son coussin de feuilles argentées est décoré de fleurs blanches à cinq pétales. Beaucoup de plantes de haute montagne, comme les silènes acaules ou les éritriches, protègent leurs racines sous une épaisse couche de feuilles serrées. Il fait généralement cinq à dix degrés de plus sous cette protection végétale qu'à sa surface, de quoi résister allègrement aux coups de gel nocturnes qui surviennent même en été !

Lac de Valscura

Ancienne maison royale de chasse de Valasco (aujourd'hui refuge)

Prendre à droite (direction sud-est) le chemin pavé qui rejoint le lago del Claus (2 344 m) 7.

Entre sentiers enherbés et sections pavées réalisées par les militaires pour faciliter le passage du roi chasseur, cette portion de la randonnée offre des vues plongeantes sur la plaine de Valasco en contrebas. Vous apercevez d'ailleurs la Maison Royale de Chasse de Victor Emmanuel II, avec ses airs de fortin protégé par deux tours crénelées. Avec ses petits îlots, le lac de Claus est quant à lui considéré comme l'un des plus beaux sites du Parco naturale delle Alpi Marittime.

Poursuivre la montée sous la face nord de la tête de Claus. Quitter le sentier pour se diriger vers le refuge Questa (2 388 m) 8, surplombant le Lago delle Portette.

Contrairement aux autres bâtiments militaires que vous avez eu l'occasion d'apercevoir jusque-là, l'ancienne caserne du lac des Portette a été sauvée de la ruine et transformée en refuge en 1925. Profitez de ce site remarquable pour observer les parois aux alentours ! Vous risquez fort de repérer encore quelques bouquetins sur les vires et les crêtes ou, avec un peu de chance, la silhouette impressionnante d'un gypaète barbu dans un ciel d'azur.

Les habitués des lieux

- Gypaète barbu, traquet motteux, tichodrome échelette, rouge-queue noir, mésange boréale...
- Bouquetin, mouflon, mouton, chamois, marmotte, loup...
- Truite fario...
- Achillée naine, cresson des chamois, silène acaule, saxifrage à fleurs nombreuses, androsace de Vandelli, éritriche...

Truite fario

LA VALLÉE DES MERVEILLES

est un véritable musée à ciel ouvert qui abrite plus de 40 000 gravures rupestres datant de l'âge de bronze. Un circuit qui permet d'allier nature, sport et culture, sous les encouragements des marmottes, bouquetins et chamois ! Pour profiter au mieux de cette expérience unique, il est conseillé de passer au moins une nuit dans un refuge.

Du refuge Questa au Boréon

Jour 11

RENDEZ-VOUS AVEC LA FAUNE DES ALPES

ÉTAPE IMPACTÉE PAR LA TEMPÊTE ALEX. DÉVIATION PROVISOIRE PAR LA PISTE AU NIVEAU DES POINTS 5 ET 6.
(Peu d'écart de distance et durée de l'étape).

PRATIQUE

LOCALISATION

Refuge Questa
(2 388 m)
GPS 44.1828,
7.2163

ÉCOUTEZ SURVOLEZ IDENTIFIEZ

ACCÈS

Refuge Questa (2 388 m).

DURÉE / DIFFICULTÉ

19,2 km. ↗ 650 m / ↘ 1 460 m. 7 h 30.

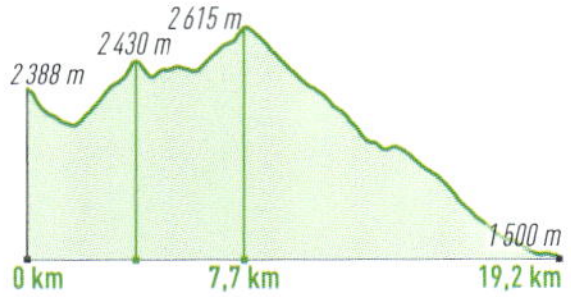

CONSEILS

Période conseillée : début juillet à fin septembre, car le sentier passe en altitude à plus de 2500 m, où la neige risque d'être présente en dehors de cette période.

De l'univers minéral du Parco naturale delle Alpi Marittime aux forêts ombragées du Boréon, le contraste est complet ! Mais d'un côté de la frontière comme de l'autre, les animaux alpins sont omniprésents.

À partir du refuge Questa, rejoindre en descendant direction est le sentier empierré. Ignorer le sentier sur la droite qui mène au pas du Préfouns. Après une longue traversée, monter par le sentier en lacets en direction du Colletto del Valasco (2 430 m) 1.

Dans cette montagne cristalline, les sols imperméables retiennent prisonniers une multitude de plans d'eau de toutes tailles. Et si, au milieu des rochers, les fleurs inféodées à ce biotope un peu âpre ne sont pas abondantes, la faune, pour sa part, semble apprécier le territoire. Renards, lagopèdes et bouquetins se rencontrent fréquemment le long du chemin. Peut-être ces animaux apprécient-ils la vue imprenable sur l'intimidante cime de l'Argentera (3 297 m) que vous découvrez à votre tour en franchissant le col ?

Continuer vers les lacs de Fremamorta Sottano, Fremamorta Mediano et Fremamorta Soprano 2.

Ignorer à droite le sentier abrupt conduisant au Collet des Bresses (2 618 m). Continuer la montée en lacets vers le dernier lac de Fremamorta, et entamer le dernier raidillon pour atteindre le col de Frémamorte (2 615 m, balise 271) ❸.

Parfois perchés sur le toit de l'ancienne caserne militaire, sur votre droite, les bouquetins vous ont peut-être surveillé d'un œil narquois tout au long de la montée. Mais arrivé au col, les rôles s'inversent, et c'est à votre tour de les observer. S'ils ne sont pas au rendez-vous, qu'importe ! Le panorama sur les innombrables lacs de part et d'autre de la frontière, sans oublier la succession de cimes rocheuses autour de vous, constitue déjà une superbe récompense après les efforts déployés. Par temps clair, la vue porte même jusqu'au lointain massif enneigé du mont Rose.

À partir du col, descendre dans le versant sud par des lacets très raides pour rejoindre la bifurcation avec le sentier qui mène au lac Nègre (balise 270 – 2 272 m) ❹.

À peu de distance du sentier, le chapelet des petits lacs est une invitation à marquer une pause. Sur les rivages, mais parfois aussi au beau milieu d'un pierrier, l'intrépide grenouille rousse parcourt son territoire. Facilement identifiable grâce à ses pattes arrière barrées de bandes sombres régulières, cet amphibien typique du milieu montagnard survit à l'hiver en plongeant dans une profonde léthargie. Pour se protéger du froid, il s'envase au bord des points d'eau ou se blottit sous des rochers.

Poursuivre le sentier qui traverse le vallon issu du déversoir du lac Nègre.

Après avoir laissé la ruine de l'Agnellière sur la droite (balise 269), franchir le torrent de Mollières par une passerelle. Suivre l'ancienne piste venant du lac Nègre pour rejoindre la route conduisant au hameau de Mollières (balise 268). La remonter sur la gauche pour atteindre le col de Salèse tout proche (balise 436) ❺ (possibilité de rejoindre Mollières et St-Dalmas par la liaison GR® 52-GR® 52A).

Vous parcourez à présent les premiers territoires qui ont été colonisés en 1992 par des loups revenus d'Italie. La profusion de gibier aux alentours, et notamment chevreuils et mouflons, proies favorites des canidés, explique pourquoi les loups se sont d'abord implantés là avant de conquérir peu à peu l'ensemble du Mercantour. Vous n'aurez que peu de chance d'apercevoir le grand prédateur. Méfiant, il se repose généralement durant la

Un invincible conquérant

De tous les conifères de montagne, le pin cembro ou arole dans les Alpes du Nord est le plus résistant. Capable de s'accrocher aux rochers inhospitaliers, il se comporte comme un pionnier des cimes. Certains spécimens ont été observés à plus de 2 900 m d'altitude !

Tétras-lyre

Les habitués des lieux

- Tétras-lyre, mésange noire, pic épeiche, fauvette babillarde...
- Bouquetin, mouflon, chevreuil, renard, écureuil, sanglier...
- Orvet fragile...
- Violette de l'Argentera, orpin des Alpes, séneçon blanchâtre, rhododendron, pin cembro...

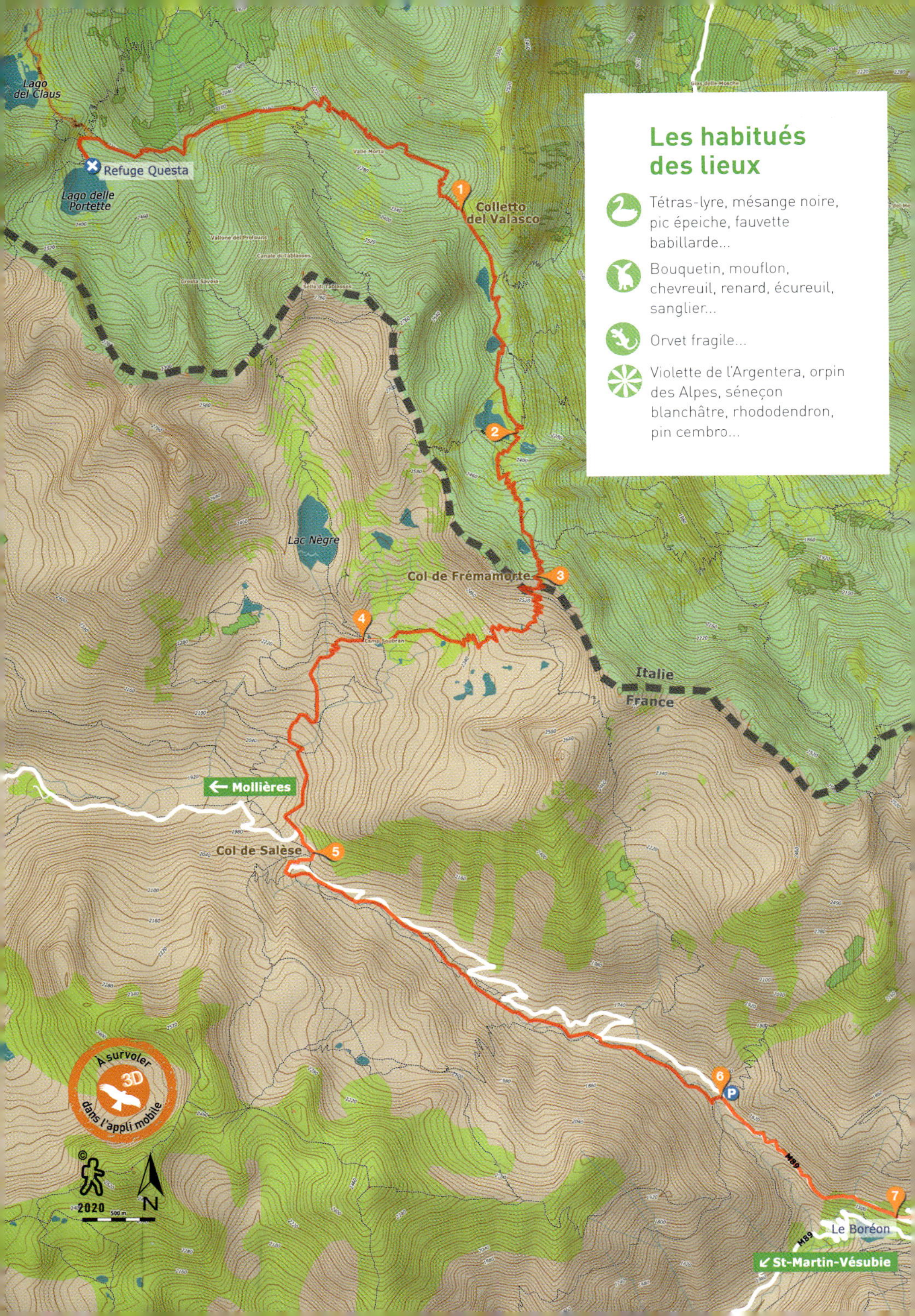

Monticole de roche

journée pour chasser la nuit. Mais vous pouvez en revanche être attentif aux indices de présence généralement utilisés pour estimer le nombre d'individus sur un secteur, à savoir fèces, poils, reliefs de repas et empreintes.

Suivre la route sur environ 250 m jusqu'à la balise 435 dans un lacet. La quitter pour descendre sur la droite par le sentier qui traverse une forêt de conifères. Le sentier passe à côté de la vacherie de Salèse pour rejoindre la route un peu après la balise 434. Traverser le vallon et continuer en rive droite sur le sentier jusqu'à la balise 398. Traverser à nouveau le vallon en suivant le GR® 52 GTM pour aboutir sur la route près du parking (balise 399) 6.

La forêt du vallon de Salèse abrite une grande variété de rapaces. Parmi ces oiseaux de proie, la chouette de Tengmalm se repose comme les loups durant la journée, dans des cavités creusées dans les troncs par les pics. Mais dès le crépuscule, cette redoutable chasseuse se lance à l'attaque des campagnols, des mulots et des musaraignes dont, à l'instar du renard, elle régule efficacement les populations.

Poursuivre sur la RM 89 jusqu'à la balise 370, quitter alors le GR® 52 GTM en laissant le chemin à gauche, et continuer sur la RM 89, puis à la sortie du pont tourner à droite pour atteindre le chalet d'accueil du Boréon 7.

▲ La star des ornithologues

Avec son plumage nuptial où s'entremêlent le bleu, le blanc, l'orange et le brun, le monticole de roche est un peu le Graal des photographes naturalistes. Réfugié en Afrique subsaharienne en hiver, ce petit passereau migrateur se remarque à l'époque des amours lorsque les mâles, perchés sur les rochers, font entendre de longs sifflements mélodieux.

Rouge-queue noir

Du Boréon à La Madone de Fenestre

Jour 12

AU PAYS DES LOUPS

ÉTAPE IMPACTÉE PAR LA TEMPÊTE ALEX. AU NIVEAU DES POINTS 1 ET 2. (Peu d'écart de distance et durée de l'étape).

PRATIQUE

LOCALISATION

Le Boréon (1 500 m)
GPS 44.113409, 7.289074

ÉCOUTEZ SURVOLEZ IDENTIFIEZ

ACCÈS

Le Boréon est à 8,7 km de Saint-Martin-Vésubie par la M89. Départ depuis le chalet d'accueil.

DURÉE / DIFFICULTÉ

12,3 km. ↗1 045 m / ↘680 m. 6 h 30.

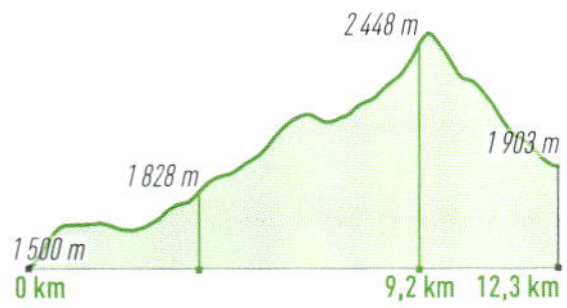

CONSEILS

Période conseillée : fin juin à fin septembre, car le sentier passe en altitude à plus de 2 400 m, où la neige risque d'être présente en dehors de cette période.

En 1992, après plus de 60 ans d'absence, les premiers indices de présence de loups sur le territoire français étaient relevés aux alentours du Boréon. Un secteur toujours marqué par la présence de *canis lupus*.

Depuis le chalet d'accueil du Boréon, rejoindre le GR® 52 GTM, monter par la route au gîte d'étape du Boréon, puis serpenter parmi les chalets. Au terminus de cette route (balise 371), s'engager à droite sur le sentier de la vacherie des Erps et le quitter dans le premier lacet (balise 377) 1, en prenant sur la droite.

Vous marchez au-dessus des clôtures du parc Alpha dans lequel les loups vivent en semi-liberté. Ce parc animalier permet aux visiteurs de s'initier à la biologie et à la sociologie de ces grands prédateurs grâce à des affûts permanents.

Traverser deux torrents (cascades) et, après une forte montée, poursuivre sur le sentier à peu près horizontal (balise 379) qui rejoint le vallon du Boréon (balise 380) 2.

Si certaines orchidées se rencontrent fréquemment dans le Mercantour, d'autres s'avèrent beaucoup plus rares. C'est le cas de la discrète racine de corail. Cette espèce saprophyte se nourrit de débris organiques. Ses minuscules fleurs jaunes sont visibles en juin et juillet et si elle a une prédilection pour les hêtraies-sapinières, on peut aussi la rencontrer comme ici, dans des mélézins. Elle a été repérée le long du sentier que vous suivez, à vous de la débusquer !

Continuer horizontalement le long du vallon, passer près d'un refuge privé (Saladin), traverser le vallon puis monter à gauche (direction Pas des Ladres) par un sentier jusqu'à la balise 421 ❸.

Prendre le chemin à gauche (direction Lac de Trecolpas - Pas des Ladres) pour rejoindre le chalet Vidron (balise 422), puis le pont de Peïrastrèche (1 828 m, balise 423) ❹.

Durant cette partie forestière, vous pouvez entendre le croassement éraillé du cassenoix moucheté. Il fait équipe avec le pin cembro, le résineux qui pousse le plus haut en altitude en Europe. En échange des pignons de l'arbre dont il se nourrit, il se charge de les disperser et d'accélérer leur propagation en les enterrant en guise de réserve. Ceux qu'il oublie écloront pour donner de nouveaux pins.

La Véronique des Alpes, la véritable image

L'une des étymologies du nom Véronique proviendrait des mots *vera*, vraie, et *icon*, image, en référence à la sainte du même nom qui aurait essuyé le visage du Christ peu avant la crucifixion. Avec de subtils jeux d'ombre, ses deux étamines et son unique pistil, la fleur peut faire penser à un visage mystérieux, en l'occurrence celui du Christ. La petite plante bleutée justifie donc son patronyme !

Les habitués des lieux

Cassenoix moucheté, venturon montagnard, Rouge-queue noir, serin cini...

Chevreuil, chamois, bouquetin, loup, marmotte, brebis...

Apollon, vanesse blanc, zygène de la Vésubie...

Rhododendron, androsace de Vandelli, violette d'Argentera, potentille de Valdieri, racine de corail, cardamine à feuilles d'asaret, cardamine à feuilles de réséda...

Passer sur la rive droite du torrent, couper le vallon de Sangué (balise 424). Continuer jusqu'à l'intersection de deux sentiers un peu avant la balise 425 (1 936 m) 5.

Dans une même famille de fleurs, certaines espèces développent des exigences opposées en termes de biotope. Dans le secteur par exemple, juste au bord du torrent, pousse la cardamine à feuilles d'asaret, haute de 30 à 50 cm et chargée d'inflorescences blanches. Bien plus haut, sa cousine, la cardamine à feuilles de réséda préfère les zones d'éboulis et les pelouses alpines. Malgré leur air de famille, elles ne pourraient pas échanger leur habitat sous peine de disparition rapide !

Depuis l'intersection, ne pas continuer vers le pont qui franchit le torrent du Boréon, mais prendre le sentier vers le nord pour monter vers le refuge de la Cougourde 6.

Le refuge est implanté sur un replat à la limite du mélézin, dans un véritable décor de cinéma. Dominant les derniers arbres, les zones humides et les rochers polis par les anciens glaciers, le Caïre de la Cougourde s'impose à votre regard. L'étymologie de son nom renvoie à sa forme : le rocher de la courge !

Depuis le refuge, rejoindre la balise 426, suivre un large sentier qui passe par un pierrier et aboutit à la balise 427, un peu avant le lac de Trécolpas 7, que l'on atteint après un dernier petit raidillon.

On découvre un magnifique lac et sa petite presqu'île. Cet endroit enchanteur est très fréquenté l'été. C'est un peu la rançon de la gloire...

Continuer le sentier qui s'élève d'abord doucement dans le fond du vallon, puis dans une forte pente par des lacets serrés jusqu'au pas des Ladres (2 448 m, balise 428) 8.

Chamois, chamois et encore chamois... Le secteur en est empli ! Toutefois, même dans cette zone où la chasse est prohibée, les populations d'ongulés n'augmentent pas. En effet, si les loups parviennent rarement à attraper un chamois en pleine santé, ils jouent un rôle non négligeable dans la régulation des cheptels en prélevant les individus les plus faibles, qu'ils soient âgés, malades ou au contraire jeunes et vulnérables.

Cassenoix moucheté

/ Variante par le col de Fenestre (1 h 30)

8 Du pas des Ladres, prendre le chemin est-nord-est en balcon qui monte jusqu'à 2 550 m puis

Canis lupus

redescend sous le col de Fenestre (2 474 m, balise 369) Ⓐ. Monter jusqu'au plus haut du col pour pouvoir admirer le panorama.

Par temps clair, vous pouvez admirer les silhouettes lointaines du Cervin et du mont Rose, au-delà de la plaine du Pô. Et comble de bonheur, les bouquetins vous tiendront peut-être compagnie !

Revenir sur ses pas jusqu'au sentier qui descend alors au sud en faisant des lacets, passer près d'anciens ouvrages militaires pour atteindre le lac de Fenestre (2 266 m) Ⓑ. Longer la rive ouest du lac et descendre dans la prairie de Fenestre pour arriver à une intersection (2 065 m, balise 368) ❾. /

Prendre le sentier sud-sud-est qui perd rapidement de l'altitude pour parvenir à une intersection avec la variante du GR® 52 GTM (2 067 m, balise 368) ❾.

Vous effectuez une traversée sans difficulté le long d'anciennes moraines glaciaires en compagnie des marmottes qui sifflent à votre passage.

Descendre plein sud un chemin en lacets jusqu'à la Madone de Fenestre (1 903 m, balise 357) ❿.

Marmotte

▲ La protection du loup en France

Considéré comme un animal protégé depuis la Convention de Berne de 1979, le loup l'est également en France depuis l'arrêté ministériel du 22 juillet 1993, entériné peu après le retour du prédateur dans le Mercantour. Seuls des abattages ciblés peuvent être autorisés sous certaines conditions, en cas d'attaques de troupeaux par exemple.

LOUP Y ES-TU ? Il avait presque disparu de France au début du XXe siècle, et a été complètement exterminé dans les années 1930. Venue d'Italie, une meute s'est installée naturellement dans le Mercantour en 1992, suscitant de nombreuses polémiques. Le loup ne se nourrit pourtant pas de chaperons rouges, mais plutôt d'animaux sauvages (chevreuils, mouflons, etc.) et parfois domestiques. Vous ne le rencontrerez certainement pas : il ne survit que grâce à sa méfiance des hommes, dont il évite soigneusement le contact.

De La Madone de Fenestre au refuge de Nice

Jour 13

CHAMOIS, BOUQUETINS ET PLANTES ENDÉMIQUES

PRATIQUE

LOCALISATION
Madone de Fenestre (1 903 m)
GPS 44.095704, 7.356576

ÉCOUTEZ SURVOLEZ IDENTIFIEZ

ACCÈS
La Madone de Fenestre se situe à 11,5 km de Saint-Martin-Vésubie, par la M94. Départ à la chapelle du hameau.

DURÉE / DIFFICULTÉ
5,5 km. ↗745 m / ↘410 m. 5 h 30.

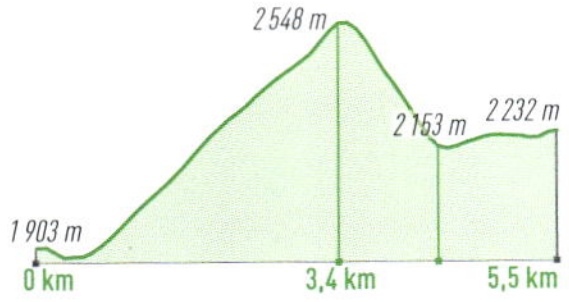

CONSEILS
Période conseillée : fin juin à fin septembre, car le sentier passe en altitude à plus de 2 500 m, où la neige risque d'être présente en dehors de cette période.

Avec cette étape, vous pénétrez au cœur du Parc national du Mercantour, là où se concentrent les plus spectaculaires espèces animales et végétales du massif. Attendez-vous à en prendre plein les yeux !

✖ Passer à droite de la chapelle, descendre vers les vacheries jusqu'au torrent, le franchir (balise 359) ❶ pour en remonter la rive gauche.

Couper bientôt le torrent du Ponset (balise 367) ❷.

Dans ce milieu qui hésite entre forêt et alpage, il est assez fréquent, notamment le matin, de surprendre quelques hardes de chamois avides d'herbe verte. Si le parc du Mercantour est souvent considéré comme un paradis pour les photographes animaliers, et notamment les amateurs de clichés de chamois, c'est parce que de tous les parcs nationaux français, il est le seul à posséder dans sa zone centrale de vastes secteurs propices à l'hivernage des chamois. Ailleurs, ces animaux sont soumis à des plans de chasse dès qu'ils quittent à l'automne les limites des zones protégées pour rejoindre des terrains à plus basse altitude. À l'inverse, parmi les chamois que vous risquez d'entrevoir lors de cette étape, certains n'ont jamais entendu le moindre coup de feu et se montrent donc parfois indifférents à la présence humaine !

Une terre d'endémisme

Au sein du Parc national du Mercantour, les montagnes de la Vésubie sont considérées par les scientifiques comme l'une des zones françaises les plus riches en espèces animales et végétales endémiques. Parmi celles-ci, le spéléomante de strinati est un amphibien aux allures de petite salamandre, sujet de toutes les attentions.

LES SECRETS DU NATURALISTE

À écouter dans l'appli mobile

Observations rares, curiosités, révélations inattendues...
Un passionné vous raconte.

Prendre le sentier direction nord pour rejoindre un éperon d'où l'on aperçoit en contrebas la prairie du jas Cabret traversée par plusieurs ruisseaux ❸.

Uniquement connue en France dans les Alpes-Maritimes, la saxifrage du Piémont a colonisé les éboulis devant vous. Ses fleurs forment de véritables touffes blanches assez faciles à repérer au milieu des rochers.

Monter alors à droite vers le Caïre de la Madone et s'élever direction est parmi de gros éboulis jusqu'au débouché du vallon du mont Colomb (2 300 m) ❹.

Remonter ce vallon jusqu'au lac du mont Colomb (2 390 m) ❺.

Exposés au nord-ouest, les pierriers sont recouverts de névés une bonne partie de l'été. Si la neige vous apparaît rougeâtre par endroits, n'en soyez pas étonné ! Cette coloration est provoquée par la présence de milliards d'algues microscopiques dénommées chlamydomonas nivalis. Les myriades de spores déposées dans la neige au début de l'été précédent donnent naissance, avec l'accroissement de la lumière au printemps, à de minuscules algues colorées. Grâce à leur couleur qui capte un peu de chaleur, celles-ci engendrent la fonte d'une pellicule d'eau autour d'elles. À l'aide de flagelles, elles entreprennent alors un lent voyage vers la surface des névés où elles profitent à nouveau de la chaleur estivale pour se reproduire.

Bouquetin

Poursuivre le sentier qui serpente au milieu d'éboulis et de blocs, pour arriver après une série de lacets au pas du mont Colomb (2 548 m, balise 400) ❻.

Enserré entre les crêtes abruptes du Caïre Colomb (2 702 m) et du mont Ponset (2 828 m), plus qu'à un véritable col, c'est à une brèche étroite et impressionnante à laquelle s'apparente

Les habitués des lieux

- Grand corbeau, accenteur alpin...
- Chamois, bouquetin, marmotte...
- Lycose de la Vésubie...
- Rhododendrons, saxifrage du Piémont, saxifrage à fleurs nombreuses, algues chlamydomonas nivalis...

ce passage entre les rochers. La prudence est de mise pour franchir cette fenêtre naturelle !

Depuis le col, descendre sur le versant est, par un étroit couloir avec un sentier très raide aux multiples lacets, auquel succède un large pierrier (direction sud-est) puis un sentier plus facile qui mène en remontant le vallon de la Gordolasque au lieu-dit la Barme (2 153 m, balise 416) 7.

Surtout ne vous précipitez pas dans la descente ! Car après quelques mètres seulement, sur votre droite, accrochés aux parois de gneiss, se trouvent quelques pieds de la star incontestée du Mercantour, la plus extraordinaire des fleurs endémiques du massif, la fameuse saxifrage à fleurs nombreuses ! Si vous êtes chanceux, vous observerez peut-être ses inflorescences rose pâle, en forme de clochettes, qui se succèdent le long d'une hampe de 10 à 40 cm de hauteur. Chanceux, il faut l'être en effet, puisque la floraison qui conduit à la mort de la plante n'intervient qu'une seule fois après un délai de 40 à 75 ans. Mais si les fleurs ne sont pas au rendez-vous lors de votre passage, essayez tout de même de repérer les étonnantes feuilles coriaces de la belle. Elles composent en effet une spirale parfaite qui mérite déjà votre respect !

Chamois sur le barrage du lac de la Fous

Continuer le long du lac afin de le contourner par les rives ouest puis nord pour atteindre, juché sur un mamelon, le refuge de Nice (balise 417 - 2 232 m) 8.

Avant même d'avoir rejoint le sentier au fond du vallon, vous apercevez le barrage EDF du lac artificiel de la Fous et le refuge perché sur son éperon rocheux. Le secteur regorge de bouquetins placides, mais néanmoins intrépides : pour lécher le salpêtre et les sels minéraux qui affleurent à la surface des pierres, ces ongulés funambules n'hésitent pas à s'aventurer sur le rempart du barrage. Voir de minuscules cabris suivre leurs mères au milieu de l'à-pic d'un mur presque vertical de plusieurs dizaines de mètres ne manquera pas de vous figer d'effroi ! C'est seulement du bout des sabots que les bouquetins s'accrochent sur le rebord des pierres cimentées et se déplacent en équilibre précaire le long de ce toboggan géant.

Depuis le refuge de Nice, on peut rejoindre le vallon de la Gordolasque au lieu-dit « Pont du Countet ».

Redescendre sur le lac de la Fous (balise 416), et prendre le sentier direction sud qui conduit au verrou rocheux dénommé « Mur des Italiens » un peu après la balise 415. Descendre le chemin jusqu'à la rivière. Traverser le torrent en prenant à droite un peu avant la balise 414. Suivre le sentier rive droite jusqu'au Pont du Countet (1 690 m – b.411). L'été, des navettes sont mises en place pour rejoindre le village de Belvédère.

▼ Même pas peur

Avec son plumage grisâtre tacheté de blanc, de noir et de roux, l'accenteur alpin pourrait passer incognito s'il ne se montrait pas aussi familier avec les hommes. Bien que cet oiseau soit en mesure de se nourrir de baies ou d'insectes, il se régale des miettes de pain oubliées par les randonneurs après leur pique-nique !

Du refuge de Nice au refuge des Merveilles

Jour 14

LA VALLÉE DES MERVEILLES UN MUSÉE À CIEL OUVERT

Célèbre dans le monde entier, la vallée des Merveilles abrite des milliers de gravures rupestres. Cet héritage exceptionnel est soumis à une réglementation drastique au même titre qu'un monument historique. Seuls les chamois ont le droit de quitter le sentier balisé !

PRATIQUE

LOCALISATION

Refuge de Nice
(2 232 m)
GPS 44.104460,
7.400351

ÉCOUTEZ SURVOLEZ IDENTIFIEZ

ACCÈS

Refuge de Nice (2 232 m).

DURÉE / DIFFICULTÉ

9 km. ↗ 670 m / ↘ 760 m. 6 h 30.

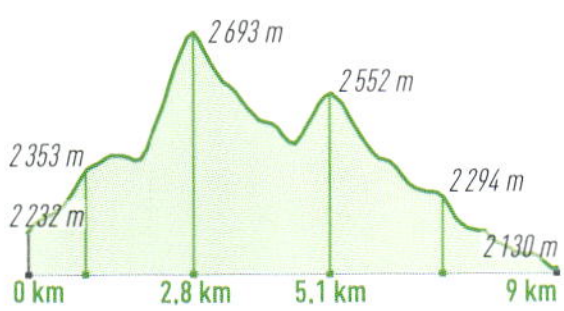

CONSEILS

Période conseillée : mi-juillet à fin septembre, car le sentier passe en altitude à plus de 2 500 m, où la neige risque d'être présente en dehors de cette période. Du lac Niré 2 à la baisse de Valmasque 6, l'itinéraire peut rester enneigé. Une prudence particulière devra être observée, car la neige durcie ne pardonne aucun faux pas.

✕ Du refuge, contourner par la gauche le mamelon qui le domine à l'est et remonter la rive droite du torrent qui descend du vallon de la Fous. Atteindre un replat (balise 418) 1.

L'hermine est un hôte courant de ce secteur. Avec sa longue queue de près de 10 cm, elle peut atteindre 40 cm de longueur au total. Agile et discrète, elle chasse les campagnols jusqu'aux limites de l'étage nival. Elle peut même s'attaquer aux jeunes du lièvre variable qui, comme elle, changent de pelage en hiver pour devenir blancs.

Traverser le torrent et s'engager en montant vers le sud dans le vallon du Niré, jusqu'au lac Niré (2 353 m) 2.

Posé au milieu du moutonnement des rochers polis par les glaciers, le lac Niré est une sorte de joyau d'azur. Bien qu'assez minérales, ses rives sont parcourues par des chamois indolents qui n'hésitent pas, si vous êtes discrets, à déguster quelques touffes d'herbe en offrant leur plus beau profil à l'objectif de votre appareil photo !

Les habitués des lieux

- Linotte mélodieuse, pipit spioncelle, accenteur mouchet, monticole de roche...
- Chamois, bouquetin, hermine, campagnol, lièvre...
- Silène acaule, éritriche nain...

Une réglementation nécessaire

Dans la zone réglementée de la vallée des Merveilles, toutes les mesures sont prises pour préserver les gravures rupestres des risques de dégradation. Par exemple, il est interdit de quitter le sentier balisé sans le concours d'un guide agréé et, même le long du sentier, vous devez accrocher vos bâtons sur votre sac à dos ou protéger leurs pointes d'un embout en caoutchouc.

Linotte mélodieuse

Remonter la rive droite du vallon de Niré où s'échelonnent cinq lacs, puis franchir le ruisseau qui relie le quatrième lac au troisième ❸.

Dès le ruisseau traversé, remonter le vallon au sud-est pour arriver par une succession de trois couloirs, à la baisse du Basto (2 693 m, balise 401) ❹.

L'ambiance est réellement alpine, dans un univers de rocs, de névés persistants et de lacs qui confèrent aux abords du col un sacré caractère ! Loin derrière vous, sur la frontière italienne, s'élève la Cime du Gélas (3 143 m), le point culminant du Mercantour. Et face à vous, par-delà la Baisse de Valmasque, se dessine l'austère crête nord du mont Bégo (2 872 m).

Depuis la baisse du Basto, descendre direction sud-est dans les pierriers puis sur le sentier qui passe sous la tête nord du Basto. Laisser à gauche un petit lac dont on longe la rive ouest, et dans la prairie parsemée de rochers, passer sous la tête sud du Basto. Atteindre l'intersection avec le chemin (PR) qui monte du lac du Basto à la baisse de Valmasque (balise 95) ❺.

Se diriger vers le sud par un sentier qui, par quelques lacets, conduit à la baisse de Valmasque (2 552 m, balise 94) ❻.

Campagnol

À partir de là débute la fameuse vallée des Merveilles. En incluant le site de Fontanalbe, un peu plus à l'est, ce sont 37 à 38 000 pétroglyphes qui ont été recensés dans le secteur. Les plus vieilles gravures dateraient de 4200 ans av. J.-C., les plus récentes, de 700 ans av. J.-C.. Si on observe parfois des dessins de poignards, de hallebardes, de rares personnages ou de curieux damiers qui s'apparenteraient à des plans cadastraux, dans l'essentiel des cas, ce sont les représentations de bovins qui dominent. Généralement symbolisés par leurs têtes et cornes, et parfois même par leurs seules cornes, ces taureaux ou ces bœufs sont de temps à autre reliés entre eux par un timon tirant un araire. Ces dessins étaient réalisés dans la roche à l'aide de percuteurs en quartz, le plus souvent à force de répéter pendant des heures des pressions et des rotations. Pour les historiens, la multitude de ces vestiges préhistoriques prouve la véritable vénération que les populations des vallées accordaient à ce site précis, à l'aplomb du mont Bégo. Il est plus que probable que ces hauts lieux difficiles d'accès étaient consacrés à des pratiques religieuses.

Le sorcier

Par un sentier en lacets, descendre dans la vallée des Merveilles parsemée de lacs. Passer entre les deux premiers lacs supérieurs (2 383 m, parfois asséchés en août), puis franchir le torrent pour continuer sur la rive gauche la descente vers le sud. Atteindre le lac des Merveilles (2 294 m) 7.

Environ 150 m après le déversoir du lac, sur votre gauche, se trouve la gravure appelée le Christ. Il faut faire preuve de persévérance pour repérer cet étrange visage piqueté, en forme ce T, perdu au milieu d'une dalle orangée couverte de stries.

Continuer toujours vers le sud sur la rive gauche, traverser le torrent puis rejoindre l'intersection avec le sentier descendant du pas de l'Arpette (balise 93) 8.

Par imitation, les voyageurs ayant traversé la vallée des Merveilles aux époques historiques, de l'époque romaine jusqu'au XXe siècle, ont gravé à leur tour de nombreuses dalles. Vous pourrez ainsi admirer au bord du sentier, sur votre droite, un vaste mur rocheux couvert d'inscriptions et de représentations variées. Parmi celles-ci, essayez de repérer une longue épée ou un superbe voilier aux allures de galion ! Des panneaux apposés par les équipes du Parc apportent quelques précisions sur ces dizaines de gravures qui se chevauchent parfois.

Obliquer à flanc, vers l'est, pour atteindre le refuge des Merveilles (2 111 m, balise 92) 9.

Le soir, quelques chamois viennent dîner aux alentours du bâtiment. Et à partir du refuge, en juillet et en août, des visites guidées des gravures sont organisées tous les jours par des guides spécialistes du site. Renseignez-vous auprès du gardien du refuge !
Des sentiers balisés en PR permettent de redescendre vers le Lac des Mesches (2 h - navette de bus en été), les gares SNCF de Saint-Dalmas-de-Tende (5 h), de Tende (6 h) ou de La Brigue (6 h).

▲ Le sorcier de la vallée des Merveilles

Impossible à trouver sans l'aide d'un guide, le sorcier est une gravure qui représente un personnage tenant des poignards dans ses mains dressées. Ces poignards symboliseraient en fait des éclairs, et cet énigmatique sorcier pourrait être un dieu de l'orage, ce qui prend tout son sens lorsqu'on connaît la réputation de paratonnerre du mont Bégo tout proche !

DES RUINES MILITAIRES

partout sur votre chemin. Plus ou moins cachées ou arrogantes, elles rappellent que la frontière entre France et Italie est toute proche. Ici, au col de Tende, le fort central fut construit à la fin du XIXe siècle par les italiens. Ailleurs ce sont des postes de surveillance, redoutes, casernes, fortins ayant servi les intérêts militaires des nations.... L'abandon actuel de ces ouvrages témoigne de la paix qui s'est installée dans les montagnes, laissant ce patrimoine culturel précieux.

Du refuge des Merveilles à Camp d'Argent

Jour 15

DES ALPAGES AUX FORÊTS

Cette étape marque la transition entre l'univers alpin que vous avez parcouru jusqu'ici et un paysage plus méditerranéen. La mer n'est qu'à une trentaine de kilomètres à vol d'oiseau.

PRATIQUE

LOCALISATION

ÉCOUTEZ SURVOLEZ IDENTIFIEZ

Refuge des Merveilles (2 130 m)
GPS 44.057446, 7.451864

ACCÈS

Refuge des Merveilles (2 130 m).

DURÉE / DIFFICULTÉ

12,9 km. ↗ 610 m / ↘ 985 m. 6 h

CONSEILS

Période conseillée : fin juin à fin septembre, car le sentier passe en altitude à plus de 2 400 m, où la neige risque d'être présente en dehors de cette période. Attention : dans cette zone archéologique, le bivouac est toléré seulement aux abords du refuge des Merveilles. Il est interdit de sortir du sentier.

✖ **Depuis le refuge, atteindre le lac Fourca par son déversoir. Par les rives est, puis sud de ce lac, continuer la montée jusqu'à l'extrémité sud du lac du Trem puis le déversoir du lac de la Muta (2 274 m) à contourner par la droite 1.**

Ce matin encore, et peut-être pour la dernière fois de votre périple, vous avez toutes les chances de rencontrer quelques chamois paisibles au milieu d'un magnifique décor de lacs, de pierriers et d'alpages couverts de gentianes acaules. Vous risquez également d'être accompagné du gazouillis complexe de la linotte mélodieuse. Si le mâle est presque invisible avec sa livrée grise durant la mauvaise saison, d'autant plus qu'il se réfugie alors au fond des vallées, la mue du printemps lui apporte de superbes coloris écarlates. Prenez le temps de scruter les alentours ! Vous parviendrez peut-être à apercevoir ce ravissant passereau au faîte d'un rocher ou au sommet d'un arbuste.

Poursuivre dans la même direction pour arriver aux deux lacs du Diable (2 415 m, balise 404) 2, dont l'un est souvent à sec.

Laisser partir à droite le chemin du pas du Trem et prendre au sud-est pour atteindre rapidement le pas du Diable (2 436 m, balise 405) ❸.

Au col, le GR® 52 GTM quitte la zone archéologique et ses réglementations spécifiques. La roche comme le paysage d'ailleurs changent d'un coup. Plus de lacs, plus de moutonnement de dalles polies par les glaciers, mais de grandes pentes herbeuses où le berger mène son troupeau de brebis. Quelquefois, de petites hardes de biches et de faons ou des cerfs solitaires arpentent également ce secteur.

Descendre vers le sud sous le Capelet supérieur par quelques lacets puis traverser à flanc, pour atteindre la baisse Cavaline (2104 m) ❹.

Prendre vers le sud-ouest en laissant sur la gauche, pour le contourner par l'ouest, le mamelon gazonné de la cime de Raus, et atteindre le col de Raus (1 999 m, balise 406) ❺.

Au début du mois de juillet, des cascades de fleurs dévalent les versants herbeux de part et d'autre de la crête que vous longez. Orchis sureau, orchis moucherons, pulsatille des Alpes, pensées et myosotis composent une sorte de tableau idyllique qui vous régalera ! Seule ombre au tableau, l'avancée progressive mais inéluctable des fétuques paniculées, ces hautes graminées aux tiges sèches et drues que n'apprécient pas les ovins. Comme dans beaucoup d'autres endroits des Alpes, elles ont tendance à envahir les alpages et à étouffer les fleurs plus fragiles autour d'elles.

Prendre à flanc vers le sud-est sous la cime de Tuor à laisser à droite, et atteindre la crête gazonnée de l'Ortiguier puis la suivre jusqu'à la baisse de Saint-Véran (1 836 m, balise 409) ❻.

Le massif de l'Authion, une position convoitée

Qui tient les hauteurs tient le pays. Cet adage militaire prend tout son sens avec la crête qui domine la vallée de la Bévéra et la route du col de Tende. Le secteur tout entier a été le décor de nombreux combats au fil des siècles, lors de la guerre de Succession d'Autriche (1744-1748), pendant la Révolution ou à la fin de la Seconde Guerre mondiale par exemple.

Perdrix bartavelle

Les habitués des lieux

- Tétras-lyre, perdrix bartavelle, vautour fauve, niverolle des Alpes, linotte mélodieuse...
- Chamois, cerf, biche, brebis, vache...
- Coccinelle des Alpes, cétoine cuivrée, trypocopris alpin...
- Orchis sureau, gentiane acaule, anémone à fleurs de narcisse, campanule en épi, orchis moucherons, pulsatille des Alpes, pensée, myosotis...

Quitter la crête de l'Ortiguier vers le sud-est en restant sur son flanc ouest jusqu'à la pointe des Trois Communes (balise 410) ❼.

Si le panorama sur les cimes du Mercantour s'avère grandiose depuis ce sommet débonnaire, la redoute ruinée qui le couronne rappelle qu'en d'autres temps ce site fut le théâtre d'une bataille sans merci. Du 10 au 12 avril 1945, les troupes de la 1re Division Française Libre se heurtèrent aux lignes de fortifications allemandes dont le fort des Trois Communes constituait le point névralgique. 273 soldats perdirent la vie lors de ces combats et seule l'intervention d'un char contraignit les défenseurs du bastion à la reddition alors que toutes les autres positions allemandes s'étaient déjà rendues depuis longtemps.

Poursuivre sur la crête direction ouest-sud-ouest horizontalement en passant près d'une table d'orientation au sommet du massif de l'Authion.

Descendre sur la crête dans la même direction pour atteindre à un carrefour de routes la baisse de Tueis (1 888 m, balise 244) ❽.

Vous pénétrez dans ce que les naturalistes appellent la zone de combat, c'est-à-dire la limite entre les grandes forêts de résineux et les alpages. En dépit de la présence de vaches durant l'été, parfois accompagnées de chiens bruyants, le tétras-lyre qui peuple depuis des lustres les environs n'abandonne pas son territoire de prédilection. Pour entendre le chant caractéristique de ce galliforme de montagne, à défaut de l'apercevoir, un seul conseil : venir au mois de mai, seul et silencieux. À cette époque de l'année, à la fin de l'époque des parades, les mâles cherchent à attirer les femelles et à défier leurs concurrents en multipliant les roucoulades et les chuintements menaçants.

Continuer sur la route pendant 500 m environ, avant de la quitter à droite pour une courte montée qui permet de rejoindre les pistes de ski de la petite station de Camp d'Argent. Descendre par cette piste jusqu'à la station (1 737 m, balise 238) ❾.

Par temps clair, vous avez une chance d'apercevoir la mer depuis la longue crête qui file vers la station de Camp d'Argent.

Échappatoire hors GR® vers le col de Turini (30 min)

En bas de la station, après le restaurant (balise 31) prendre le sentier qui longe la route en contrebas pour la retrouver dans un lacet (balise 30). Descendre la route sur 300 m pour parvenir au col de Turini (1 604 m).

Les coléoptères, des petites bêtes peu connues

Mal aimés, méconnus, les coléoptères, et plus précisément leurs larves, jouent pourtant un rôle important dans la nature. Ils assurent en effet une mission de premier plan dans le recyclage de tous les débris organiques.

Biche

De Camp d'Argent à Sospel

Jour 16

UN VOYAGE EN COMPAGNIE DE LA GENTE AILÉE

Panoramique dans sa première partie et forestière ensuite, vous profitez des lumières du matin lorsqu'il fait encore frais, et de l'ombre des arbres quand le soleil tape, le tout accompagné par une multitude d'oiseaux de toutes tailles !

PRATIQUE

LOCALISATION

Camp d'Argent (1 737 m)
GPS 43.987872, 7.399946

ÉCOUTEZ
SURVOLEZ
IDENTIFIEZ

ACCÈS

Depuis La Bollène-Vésubie, rejoindre Camp d'Argent par la M70 (13,6 km).
Départ depuis la piste en contrebas de la route à Camp d'Argent.

DURÉE / DIFFICULTÉ

21,5 km. ↗ 470 m / ↘ 1 850 m. 8 h.

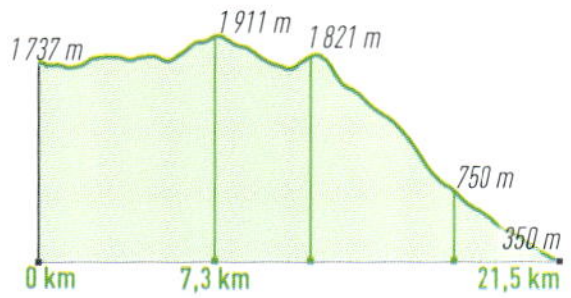

CONSEILS

Période conseillée : fin juin à octobre.

Franchir la barrière de la piste, à l'ouest de la route et légèrement en contrebas de la route, et traverser sensiblement de niveau le flanc sud de la montagne de l'Authion. Continuer par le sentier pour parvenir à un carrefour entre des pistes pastorales et la route touristique du Tour de l'Authion (D68, balise 28 b) 1

Aux abords des anciennes casernes des Cabanes Vieilles, les vestiges du char américain vous rappellent une fois de plus que ces terres d'altitude ont connu la fureur de la guerre. Aujourd'hui, la quiétude revenue, ces vastes espaces sont parcourus par de nombreux cervidés. Ainsi, beaucoup plus imposant que son cousin le chevreuil, un poids plume d'à peine 30 kg le cerf élaphe arpente gracieusement son domaine. De bon matin, à travers les clairières et les bosquets de mélèzes, il se délecte de brassées d'herbe couverte de rosée entre des parterres d'orchis mâles et de gentianes acaules.

Poursuivre au sud-est par la piste qui descend à la vacherie, franchir le vallon pour remonter vers l'ancienne route stratégique (1 802 m, balise 151) ❷.

Quitter cette route pour contourner, par l'est, le mont Giagiabella (1 911 m). Après une légère remontée, retrouver la route qui suit vers le sud, puis passer un col (non dénommé) (1 885 m).

Tourner à gauche sur le sentier qui domine la route en passant en dessous du sommet Maouné (1 981 m). Atteindre ainsi la baisse de Ventabren (1 862 m) ❸.

Les habitués des lieux

Vautour fauve, épervier d'Europe, pipit farlouse, coucou gris, roitelet huppé, circaète Jean-le-Blanc, mésange, rouge-gorge, pinson, merle, sittelle torchepot...

Chamois, cerf, chevreuil, sanglier, blaireau...

Piéride du Lotier, némusien...

Crocus de Ligurie, aconit napel, gentiane acaule, aster amellus...

Suite de l'itinéraire page suivante

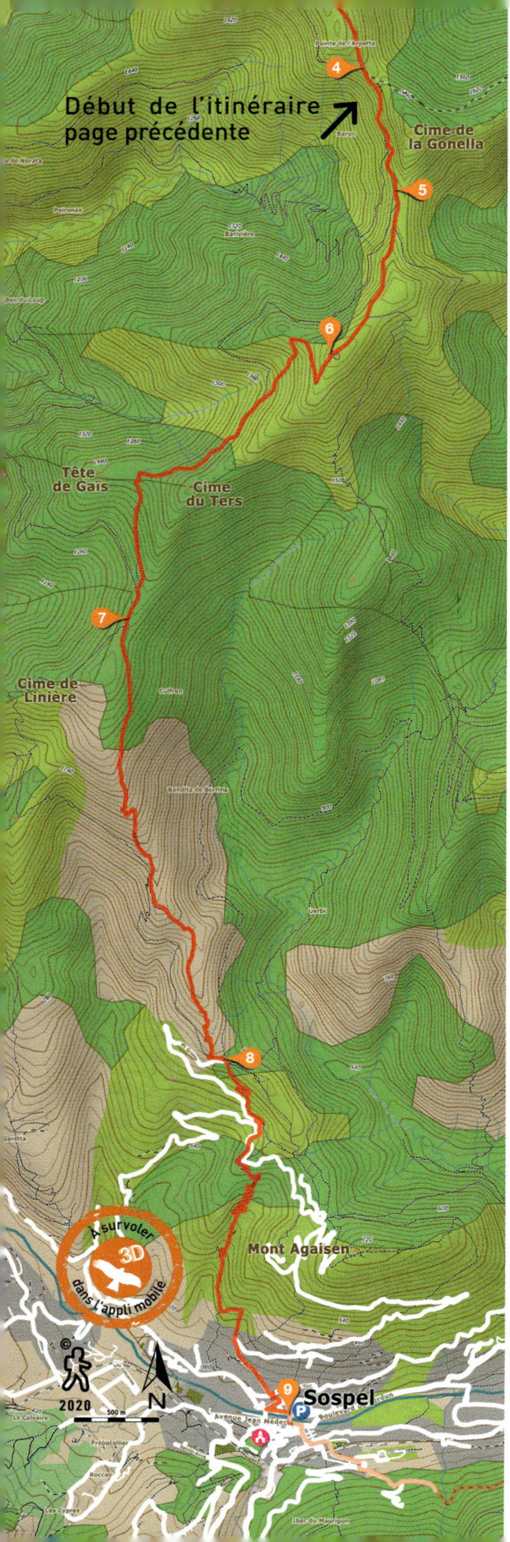

Le crocus de Ligurie, un clandestin égaré

Si vous parcourez cette étape en fin d'été, peut-être aurez-vous la chance de découvrir un magnifique crocus automnal aux abords du sommet du Mangiabo. Uniquement inventorié en France dans les Alpes-Maritimes, il survit là comme un naufragé, loin, très loin de son biotope habituel, la garrigue !

En plus d'offrir un cheminement panoramique sans aucune difficulté, cette longue promenade le long des anciennes pistes militaires permet aussi d'apercevoir plusieurs espèces de rapaces. Planant souvent en escadrille, aisément identifiable grâce à son envergure de plus de 2,60 m, le vautour fauve erre dans toute la région à la recherche de charognes de brebis ou d'ongulés sauvages. Le circaète Jean-le-Blanc, pour sa part, parvient à demeurer immobile face au vent dominant, les rémiges écartées, en quête d'un serpent à avaler tout cru. Quant à l'épervier, rapide comme l'éclair, il est davantage forestier et poursuit les oiseaux entre les branches.

Traverser par un sentier le versant est de la pointe de Ventabren avant de retrouver la route à la baisse de la Déa (1 750 m, balise 141) 4.

Franchir la route stratégique de l'Arbouin et en direction du sud, passer sur le versant ouest (Bévéra) de la Gonella pour atteindre le col (1 706 m, balise 143) 5.

De là, trois sentiers partent vers le sud : emprunter celui du milieu qui suit la ligne de crête, contourner un petit sommet (1 802 m) par l'ouest (versant Bévéra). À un petit col (non dénommé) (1 777 m, balise 144), poursuivre par la ligne de crête jusqu'au sommet du Mangiabo (1 821 m) 6.

Les alpages très secs, balayés par le vent, abritent la bruyante alouette des champs. Si vous vous approchez d'un peu trop près de son nid, lovée à terre à l'abri d'un buisson, elle vous fera vite comprendre que vous dépassez les bornes en s'élevant dans les airs, souvent en spirale, avant de piailler vigoureusement pour marquer son mécontentement !

Poursuivre sur la crête au sud avant de descendre le versant sud-ouest du Mangiabo d'abord nord-ouest jusqu'à la crête ouest, puis sud jusqu'à un sentier à flanc (balise 23). Toujours sur flanc ouest, franchir une crête reliant la cime du Ters et la tête de Gaïs. Continuer vers le sud jusqu'à la baisse de Linière (1 345 m, balise 22) 7.

Vous arpentez à présent ce que les naturalistes définissent comme l'étage montagnard. Les arbres feuillus ont désormais pris le dessus sur les résineux et les températures moyennes annuelles se montrent plus clémentes que dans les forêts de conifères. C'est le domaine des pics et des mésanges, des rouges-gorges, des pinsons et des merles. En hiver, ces zones généralement déneigées conviennent également au chevreuil.

Continuer toujours vers le sud en perdant de l'altitude, laisser à droite la cime de Linière, et rejoindre une crête avant de descendre sud-sud-est en passant par la balise 77, jusqu'à la baisse de Fighièra (750 m, balise 76) 8

Poursuivre, dans la même direction, la descente dans les cultures étagées, rejoindre la route stratégique (balise 75) et la suivre sur 200 m environ. Prendre vers le sud à travers les cultures en terrasses jusqu'à Sospel 9.

Agréable petite cité de villégiature estivale, Sospel tire sa renommée de son pont du XIe siècle. Jadis, pour le franchir, les caravanes de sel destinées à la Ligurie voisine devaient s'acquitter d'un droit de péage. Grâce à cette manne, la ville connut des heures de gloire dont la cathédrale Saint-Michel, son parvis et ses vieilles maisons à arcades constituent les témoins silencieux.

▼ La sittelle torchepot, une spécialiste de la maçonnerie

Avec son masque de Zorro, son ventre orangé et son dos bleuté, elle pourrait passer pour coquette ! Mais elle a pour particularité d'apprécier la terre et la boue qu'elle utilise pour réduire l'entrée du trou de pic qui lui sert d'habitat. C'est à cause de ce comportement qu'on la surnomme torche-pot !

Anciennes casernes des Cabanes Vieilles

LES MARMOTTES

se nourrissent souvent debout. Ainsi, elles peuvent rester vigilantes et surveiller l'approche de prédateurs ! Elles adoptent fréquemment cette position d'assise, qui assure leur protection. Toujours sur le qui-vive, leur excellente vue leur permet de détecter des mouvements anormaux, même éloignés. Un sifflement d'alerte, et tout le monde se met à l'abri !

De Sospel à Menton

Jour 17

QUAND LA MONTAGNE SE JETTE DANS LA MER

PRATIQUE

LOCALISATION

Sospel (350 m)
GPS 43.877562,
7.449994

ÉCOUTEZ
SURVOLEZ
IDENTIFIEZ

ACCÈS

Sospel se trouve à 18,6 km de Menton par la D2566A et la D2566.
Départ depuis les quais de la Bévéra à l'angle de la Route d'Erq (D2566).

DURÉE / DIFFICULTÉ

18 km. ↗ 1 150 m / ↘ 1 480 m. 7 h 30.

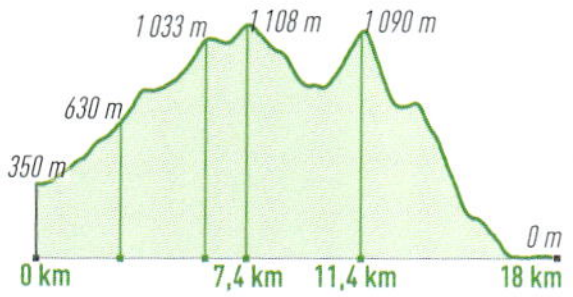

CONSEILS

Période conseillée : toute l'année.

Pour cette ultime étape, les ambiances méditerranéennes prennent définitivement le pas sur les paysages alpins. Mais avant la baignade dans la mer, la rude descente sur Menton exige encore quelques efforts !

Sortir de Sospel par la route D2566 jusqu'au premier lacet (balise 106), quitter la route et continuer pour monter aux ruines des Castès, puis à l'Albaréa (630 m, balise 107 puis 107a) 1.

Une grande partie de ce tronçon se déroule à l'ombre appréciable des chênes pubescents et des pins sylvestres. À l'instar du sentier parfois empierré, quelques restanques envahies par la végétation vous rappellent qu'il y a un siècle, ce versant nord, malgré la raideur des pentes, était encore cultivé.

Prendre vers le sud pour remonter un vallon en contrebas de plan German. Descendre dans le ravin de Roulabre et remonter sur sa rive droite. Contourner par le nord un petit sommet arrondi, et remonter pour traverser le ruisseau de l'Albaréa et atteindre le col du Razet (1 033 m, balise 17) 2.

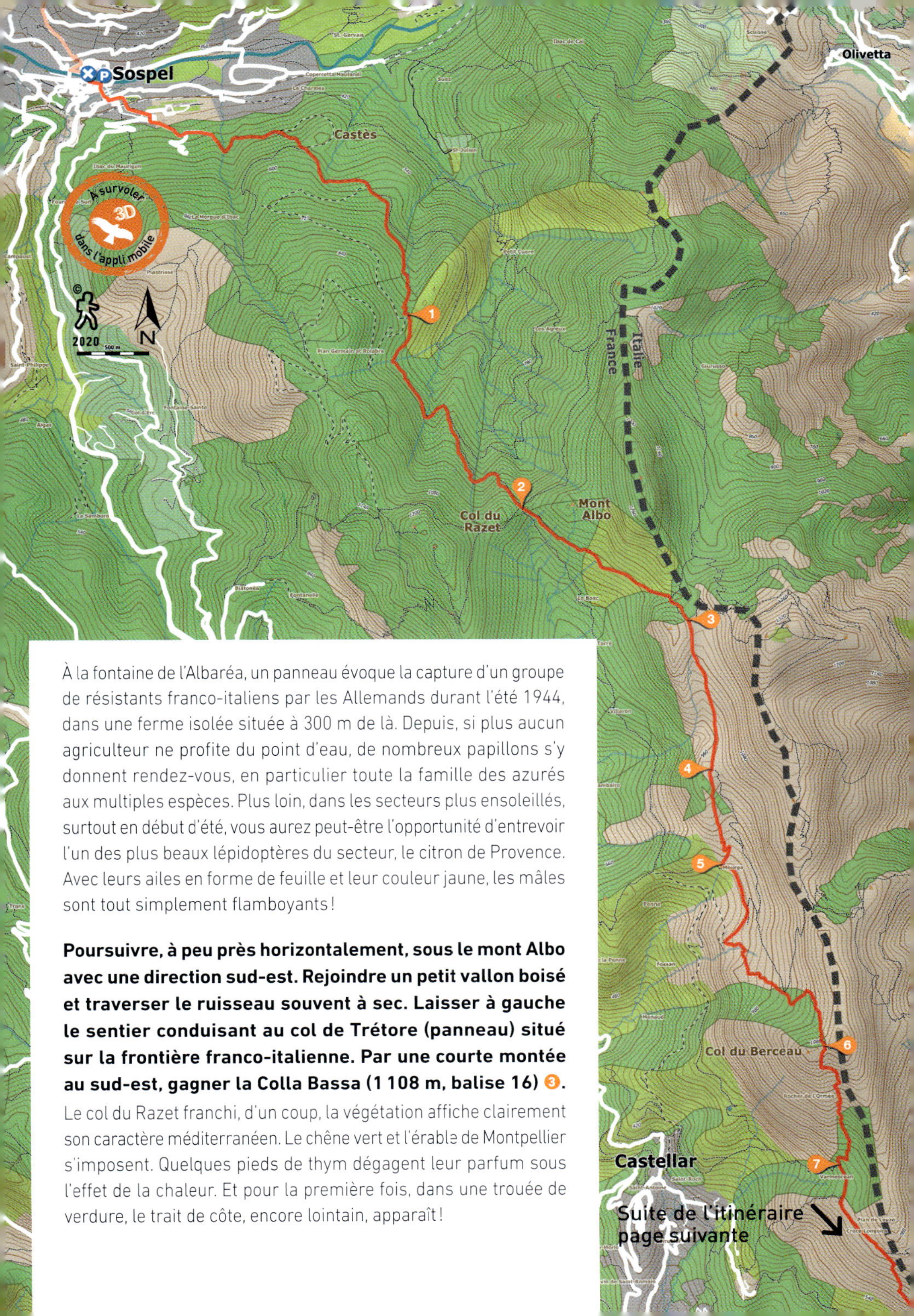

À la fontaine de l'Albaréa, un panneau évoque la capture d'un groupe de résistants franco-italiens par les Allemands durant l'été 1944, dans une ferme isolée située à 300 m de là. Depuis, si plus aucun agriculteur ne profite du point d'eau, de nombreux papillons s'y donnent rendez-vous, en particulier toute la famille des azurés aux multiples espèces. Plus loin, dans les secteurs plus ensoleillés, surtout en début d'été, vous aurez peut-être l'opportunité d'entrevoir l'un des plus beaux lépidoptères du secteur, le citron de Provence. Avec leurs ailes en forme de feuille et leur couleur jaune, les mâles sont tout simplement flamboyants !

Poursuivre, à peu près horizontalement, sous le mont Albo avec une direction sud-est. Rejoindre un petit vallon boisé et traverser le ruisseau souvent à sec. Laisser à gauche le sentier conduisant au col de Trétore (panneau) situé sur la frontière franco-italienne. Par une courte montée au sud-est, gagner la Colla Bassa (1 108 m, balise 16) 3.

Le col du Razet franchi, d'un coup, la végétation affiche clairement son caractère méditerranéen. Le chêne vert et l'érable de Montpellier s'imposent. Quelques pieds de thym dégagent leur parfum sous l'effet de la chaleur. Et pour la première fois, dans une trouée de verdure, le trait de côte, encore lointain, apparaît !

Suite de l'itinéraire page suivante

▼ Ophrys bourdon, une orchidée très rusée

Pour assurer sa pollinisation, l'inflorescence, avec son large labelle bordé de jaune, imite une abeille du genre *Eucera*. Le bourdon, attiré par cette ruse colorée, assure ainsi, en se posant de fleur en fleur, la reproduction de cette belle orchidée.

Descendre vers le sud et passer à la baisse de Faïche Fonda (969 m) ❹.

Poursuivre la descente vers le sud, atteindre le fond du vallon. Continuer toujours vers le sud, et traverser la prairie de Mourga (balise 15) ❺.

Quelques exploitations agricoles sont implantées dans ce secteur. La pratique d'un élevage raisonné permet de limiter la propagation des genêts qui étouffent les autres plantes et de lutter contre les risques d'incendie. Moutons, chèvres et même lamas se partagent les zones de pâture parmi les anciennes cultures en terrasse abandonnées.

Atteindre une piste carrossable et la suivre sur 400 m (balise 13). Prendre à gauche un sentier qui passe aux ruines du vieux Castellar (balise 12), puis monter au col du Berceau (1 090 m, balise 12a) ❻.

Voilà, c'est fini… C'était en effet la dernière montée de votre périple ! À présent vous attend une descente éprouvante jusqu'à la mer.

Du col du Berceau, le sentier décrit un lacet et descend dans la combe du Berceau. Poursuivre jusqu'au carrefour des deux GR® 51 et GR® 52 GTM (716 m, balise 11) 7.

Laisser le GR® 51 et continuer vers le Plan du Lion (balise 10), puis obliquer côté est vers l'Italie (balise 9) et continuer à descendre vers le sud jusqu'au croisement d'une piste forestière à proximité du quartier Saint-Paul (balise 8) 8.

Après le Plan du Lion, un incendie a ouvert un assez vaste espace parmi les arbres et les arbustes. Profitant de la trouée offerte par les flammes, les cistes de Montpellier ont envahi les lieux. Cet arbrisseau supporte en effet l'aridité et la pauvreté des sols et, après un incendie, il tient en échec l'érosion. Dans ce milieu de garrigue, les cistes sont accompagnés de quelques orchidées, comme l'ophrys bourdon, et de fleurs héliophiles comme certaines valérianes. Depuis cet endroit, la vue embrasse toute la côte, de Menton, avec son port aux jetées garnies de voiliers, jusqu'aux lointaines tours de Monaco.

Dévaler en suivant le mur de pierres sèches à droite (balise 7 et 6). Continuer plein sud par un sentier raide et pierreux. Passer sous l'autoroute (balise 5) 9.

Par la route du jard des Colombières (balises 4, 3 et 2), puis la route des Colombières, gagner des escaliers qui descendent à la gare de Menton-Garavan (balise 1) 10.

Continuer vers le port de Garavan, le GR® 52 GTM rejoint le GR® 653A. Continuer sur la D6007 (porte de France) vers l'ouest en longeant la Méditerranée, et rejoindre à son extrémité le vieux château, le vieux port de Menton et la plage des Sablettes 11.

Avant de vous jeter à l'eau, admirez les façades bigarrées des maisons du vieux Menton ! Digne d'un Cézanne, le tableau que compose l'alliance de la Grande Bleue et l'ocre des bâtiments attire depuis longtemps les vacanciers italiens et français. D'ailleurs, il ne fait aucun doute que la photo que vous prendrez de la petite ville depuis la plage clôturera avec brio cette inoubliable traversée du Mercantour que vous achevez là, les pieds dans le sable.

Les habitués des lieux

- Fauvette à tête noire, fauvette mélanocéphale, pouillot de Bonelli, pigeon ramier, geai des chênes…
- Sanglier, écureuil, lama, mouton, chèvre…
- Citron de Provence, cuivré commun, mélitée orangée, azuré de la bugrane…
- Orchis bouc, lavande, ciste de Montpellier, ophrys bourdon, valériane…

Fauvette à tête noire

Menton depuis la plage

ITINÉRAIRES À LA CARTE

La Grande Traversée du Mercantour (GR® 52 GTM) vous mène sur son tracé historique d'Entraunes à Menton en 17 jours de marche.
Vous pouvez toutefois programmer votre itinéraire à la carte en concentrant vos jours de marche sur des tronçons adaptés à vos envies, en choisissant des accès ou échappatoires proches. Possibilité de rejoindre l'itinéraire depuis Allos ou Barcelonnette dans les Alpes-de-Haute-Provence.

DÉPART DEPUIS BARCELONNETTE

En 2 jours de randonnée **Option 1** (page 110), rejoignez Bousiéyas, le **Jour 4** de la Grande Traversée du Mercantour (page 40). Cette variante permet de découvrir la vallée de l'Ubaye.

DÉPART DEPUIS ALLOS

En une journée **Option 2** (page 118), rejoignez Estenc, le **Jour 2** de la Grande Traversée du Mercantour (page 30).

9 JOURS DE MARCHE
ENTRAUNES / ISOLA 2000

Distance totale : 114,5 km.

Liaison historique entre le val d'Entraunes et la Haute Tinée, le passage au col de Gialorgues marque le début de cette traversée. Hameaux d'altitude, versants boisés, alpages, lacs glaciaires et sommets dénudés, autant sur le versant français qu'italien, ce parcours au caractère alpin affirmé est d'une envergure exceptionnelle.

Jour 1 à Jour 9 (pages 26 à 62)

8 JOURS DE MARCHE
ISOLA 2000 / MENTON

Distance totale : 107,6 km.

Cette traversée relie la vallée de la Tinée au pays mentonnais en parcourant largement les hautes vallées de la Vésubie, de la Roya et de la Bévéra. L'itinéraire traverse les parcs français et italiens au pied des ultimes "3 000 m" de l'arc alpin, avec en point d'orgue la vallée des Merveilles et une somptueuse arrivée sur la plage des Sablettes.

Jour 10 à Jour 17 (pages 68 à 104)

6 JOURS DE MARCHE

ENTRAUNES / SAINT-ÉTIENNE-DE-TINÉE

Distance totale : 73,7 km.

Deux vallées parallèles toutes proches, un raid franco-italien, avec en point d'orgue la découverte depuis le collet de Tortisse (2 581 m), des lacs de Vens. Les aiguilles de Tortisse et leur arche naturelle, les hameaux de Bousiéyas et de Ferrière où les vastes pâturages du Salso-Moreno complètent ce circuit exceptionnel.

Jour 1 à Jour 5 (pages 26 à 44) et **Option 3** (page 122).

5 OU 6 JOURS DE MARCHE

SAINT-ÉTIENNE-DE-TINÉE / LE BORÉON

Distance totale : 76 km.

Entre Saint-Étienne-de-Tinée et le Boréon, les refuges historiques du massif se succèdent : Rabuons, Foches, Sant'Anna et Questa. Ambiance de haute montagne aux paysages contrastés, sentiers en balcons, forêts de mélèzes et lacs se côtoient au cours de cette traversée.

Jour 7 à Jour 11 (pages 54 à 74) et **Option 4** (page 126).

(Possibilité de fusionner les Jours 9 et 10)

5 OU 6 JOURS DE MARCHE

LE BORÉON / MENTON

Distance totale : 79,2 km.

Une belle traversée alpine de la Vésubie, qui permet la découverte des hauts vallons du Boréon, de la Madone et de la Gordolasque. Plus à l'est, on admire les dalles colorées et gravées de la vallée des Merveilles. Pour finir, une splendide descente permet d'atteindre la Méditerranée au terme d'un parcours exigeant.

Jour 12 à Jour 17 (pages 78 à 104)

(Possibilité de fusionner les Jours 12 et 13)

De Barcelonnette à Bayasse – étape 1

Option 1

UNE MONTAGNE AUX DEUX VISAGES

D'un côté, la montagne aux vastes replats herbeux est parsemée de hameaux et de stations de ski. De l'autre, des pentes raides, des pierriers et un soleil écrasant. Deux univers contrastés pour cette longue étape !

PRATIQUE

LOCALISATION

Barcelonnette (1 135 m)
GPS 44.38451, 6.6486

ÉCOUTEZ SURVOLEZ IDENTIFIEZ

ACCÈS

Départ au pont de Pra-loup à Barcelonnette.

Cet itinéraire permet de rejoindre – en 2 étapes – le GR® 52 GTM à Bousiéyas (Jour 4).

DURÉE / DIFFICULTÉ

18 km. ↗ 1 480 m / ↘ 830 m. 7 h.

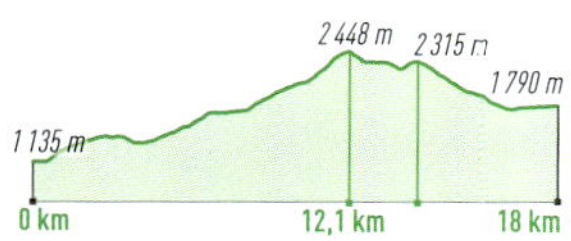

Depuis le pont de Pra-Loup, prendre en direction du sud-est la rue du Chemin des Alpages. Au lieu-dit La Gravette, s'engager sur le sentier en direction du Sauze 1400, traverser une route goudronnée et suivre la seconde piste carrossable en direction du Vivier jusqu'à atteindre le départ d'un sentier horizontal sur la gauche. Après une courte descente, rejoindre une petite route, franchir un petit pont à 1 341 m 1 et rejoindre sans difficulté Le Sauze 1400.

Dépendant administrativement de la commune d'Enchastrayes, la station de ski a vu le jour dès le milieu des années 30, suite à l'instauration d'un premier téléski par un audacieux agriculteur. D'abord dédiées aux skieurs locaux, les pistes attirent une clientèle familiale de plus en plus nombreuse. La station s'étend en altitude dès les années 50 avec la construction du téléski du Brec et l'ouverture d'un premier hôtel : c'est l'acte de naissance officiel du Sauze 1700, plus communément appelé Super-Sauze aujourd'hui ! Carole Merle, la célèbre championne de géant et de super G, est l'ambassadrice la plus célèbre de la station.

Longer le pré du front de neige au pied du télésiège puis prendre la direction Sauze 1700 par la route goudronnée jusqu'à un four banal. Bifurquer alors sur la droite, traverser des clairières et des bosquets jusqu'au point coté 1710 ❷. Prendre à gauche le chemin horizontal qui conduit à Super-Sauze.

L'itinéraire évite les pistes de ski alpin et les pylônes des remontées mécaniques pour vous faire découvrir un univers patiemment façonné par l'homme. Jadis destinées à la production de foin, les clairières sont à présent pâturées par quelques troupeaux de vaches élevées pour leur viande. Si le mélèze est encore l'essence principale, les feuillus s'imposent de plus en plus, sorbiers des oiseleurs en tête. Cet arbre qui dépasse rarement 10 m de haut s'identifie facilement grâce à son feuillage denté et à ses fruits rouges en fin d'été. Ces baies appréciées des oiseaux frugivores étaient autrefois utilisées comme des appâts par les chasseurs, d'où le nom de cet arbre. D'ailleurs, si vous passez par là en septembre, ouvrez l'œil : vous aurez sans doute l'occasion d'apercevoir la grive draine ou litorne, grandes amatrices de ces fruits !

Ne pas entrer dans la station, mais au niveau du départ du télésiège du Brec ❸, suivre la piste du col du Gyp sur la droite. À 2 035 m, quitter la piste pour suivre toujours sur la droite la direction Chapeau de Gendarme. Peu de temps après, atteindre un captage d'eau et un replat idéal pour une pause ombragée.

C'est au pied du panneau « Protection rapprochée du captage de la Goutta » que se trouvent quelques grandes astrances. Si cette fleur est assez commune dans les pays de Savoie, elle se montre très rare dans les Alpes du Sud. Sa particularité ? Appartenir à la famille des ombellifères alors qu'elle ne présente pas ses fleurs en forme d'ombrelle comme ses cousines ! Peu après ce bouquet d'astrances, le long du sentier qui s'étire vers le col, entre les bosquets de mélèzes, vous pourrez également apercevoir, sur votre gauche, les pétales orangés de l'arnica montana.

Suivre le sentier bien tracé jusqu'au col du Gyp (2 448 m) ❹ en ignorant l'itinéraire qui conduit au Chapeau de Gendarme.

Du col, le contraste est saisissant entre le paysage ouvert de l'Ubaye, côté nord, et l'âpreté sauvage de la vallée du Bachelard. Plus loin, le long du sentier qui s'étire vers le col de Fours, vous prendrez pleinement conscience de l'immensité des espaces sauvages qui s'étendent aux confins des Alpes-de-Haute-Provence et

Le flysch à helminthoïdes

Roche sédimentaire silico-argileuse, le Flysch à Helminthoïdes offre un témoignage étonnant de la vie au Crétacé, lorsque les dinosaures régnaient sur la Terre. Sur certaines roches planes, on remarque des lignes étranges qui forment des sortes de labyrinthes. Ces dessins correspondent aux pistes laissées dans l'argile par le déplacement d'animaux primitifs, tels les limules, à la recherche de nourriture, au temps où un océan s'étendait à la place des Alpes.

Geai des chênes

Les habitués des lieux

- Pie-grièche écorcheur, geai des chênes, rouge-queue noir, grive draine, grive litorne…
- Chevreuil, bouquetin, marmotte, écureuil…
- Épeire, morio, azuré du serpolet…
- Silène enflé, grande astrance, scutellaire des Alpes, hélianthème, achillée millefeuille, arnica des montagnes…

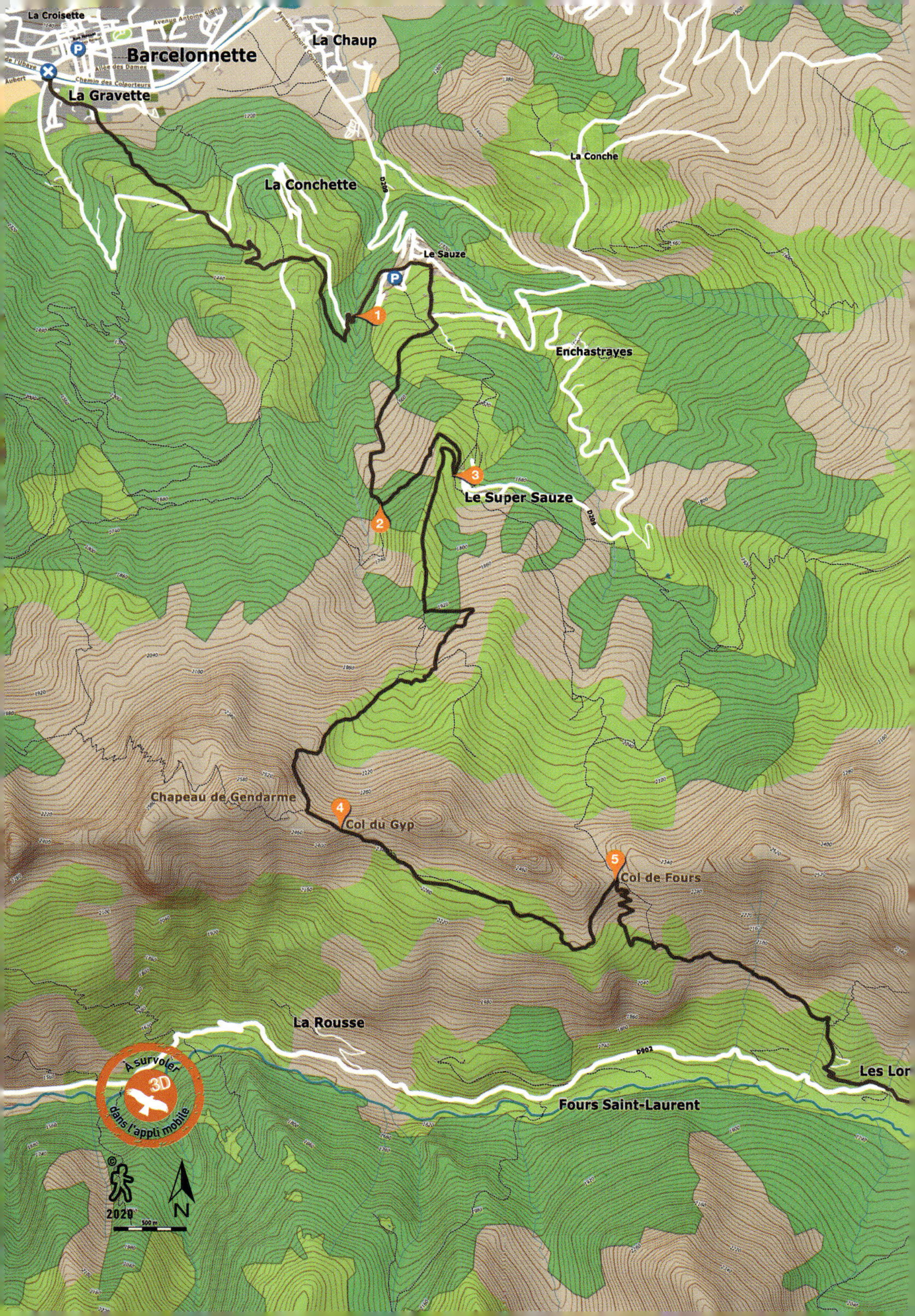
La Croisette
Barcelonnette
La Chaup
La Gravette
Chemin des Colporteurs
Allée des Dames
La Conchette
La Conche
Le Sauze
1
Enchastrayes
2
3
Le Super Sauze
D209
Chapeau de Gendarme
4
Col du Gyp
5
Col de Fours
La Rousse
D902
Les Lor
Fours Saint-Laurent
À survoler
3D
dans l'appli mobile
2020
500 m
N

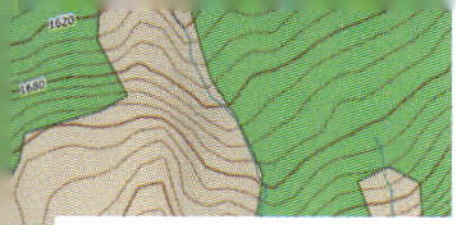

des Alpes-Maritimes. Pas de station de ski, très peu d'habitants, ce territoire est essentiellement dévolu aux troupeaux d'ovins en transhumance et à la protection de la biodiversité dans le cœur du Parc national du Mercantour, qui s'étend dans tous les ubacs boisés sous le mont Pelat, le mont Cimet dominant la rive gauche du vallon.

Après une courte descente raide versant sud, traverser les alpages et remonter jusqu'au col de Fours (2 315 m) 5.

De part et d'autre des énormes blocs rocheux qui s'étalent à l'amont de l'alpage, vous pouvez observer un véritable champ d'achillées millefeuille. Si la légende raconte que le fameux Achille l'utilisait pour cicatriser les blessures des soldats grecs lors de la guerre de Troie, la science nous apprend que cette plante assez commune apporte d'innombrables bienfaits sur la santé. Antiseptique, anti-inflammatoire, diurétique, cette jolie fleur blanche est un véritable condensé de ce que peut nous procurer dame Nature !

Du col, entamer la descente évidente jusqu'au hameau des Longs, avant de rejoindre la route goudronnée et de longer celle-ci jusqu'au hameau de Bayasse (1790 m) 6.

Dans cette longue descente, prenez le temps d'observer les curieuses traces de déplacements, appelées ichnofossiles, qu'ont laissé certaines créatures en se traînant sur les fonds marins il y a plus de 70 millions d'années. Au hameau des Longs, un animal plus commun vous attend... Il s'agit d'un magnifique bouquetin à la robe fauve ! Mais en vous rapprochant de lui, il ne s'enfuira pas. Et pour cause : il s'agit de l'œuvre d'un artiste anonyme, une sculpture plus vraie que nature !

▼ Un poison aux mille vertus

L'arnica montana est la seule astéracée jaune à présenter des feuilles opposées sur sa tige. Si cette plante est couramment utilisée pour apaiser les douleurs musculaires et soigner les contusions, méfiez-vous : en surdosage c'est un véritable poison.

Bayasse

De Bayasse à Bousiéyas – étape 2

Option 1

UNE INVITATION AU DÉPAYSEMENT

PRATIQUE

LOCALISATION

Bayasse (1 790 m)
GPS 44.31167,
6.74185

ÉCOUTEZ
SURVOLEZ
IDENTIFIEZ

ACCÈS

Depuis Barcelonnette rejoindre Bayasse par la D902 (20,8 km).
Départ au refuge-hôtel de Bayasse.

Cet itinéraire permet de rejoindre – en 2 étapes – le GR® 52 GTM à Bousiéyas (Jour 4).

DURÉE / DIFFICULTÉ

17 km. ↗ 900 m / ↘ 800 m. 5 h 30.

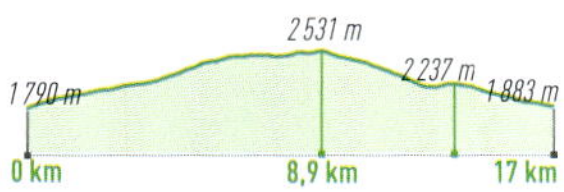

Un long vallon, une longue crête, des forêts et des alpages infinis... Un territoire particulièrement sauvage. Le cheminement à l'écart des sentiers trop fréquentés, offre comme un goût de voyage lointain.

Du refuge-hôtel de Bayasse, suivre le chemin jusqu'à la chapelle Sainte-Anne. Prendre le sentier à gauche, traverser le hameau des Cordiers et continuer la montée de l'autre côté de la route par un sentier. Rejoindre la piste et la suivre pendant près de 8 km en coupant les larges virages par des raccourcis, notamment dans la partie finale.

Qu'il paraît long ce vallon de la Moutière, lorsqu'on s'y engage peu après avoir quitté le hameau de Bayasse ! Mais entre la variété de la flore et l'intérêt des paysages, vous n'aurez pas l'occasion de vous y ennuyer. Ainsi, l'opposition entre l'adret et l'ubac s'y exprime avec force, avec d'un côté des pierriers écrasés de soleil où se déplacent parfois les silhouettes des bouquetins, et de l'autre des forêts de mélèzes striées de couloirs d'avalanche, refuges des chevreuils. Plus haut, lorsque les derniers arbres abandonnent le combat, l'alpage s'uniformise et devient le domaine des marmottes et des brebis en transhumance. Et la montagne tout entière se fait plus accueillante.

À 2 406 m d'altitude, au carrefour des pistes ❶, prendre sur la droite la route goudronnée qui conduit au col de la Moutière.

Situé à 2 440 m d'altitude, le col de la Moutière, peu fréquenté, marque la frontière entre les Alpes-de-Haute-Provence et les Alpes-Maritimes. Avec leurs trois blocs de combat, les ouvrages militaires qu'on y aperçoit, vers le sud, paraissent peu étendus. Tels des icebergs de béton et de métal, ils cachent en réalité un vaste casernement souterrain composé de trois galeries parallèles où, à l'orée de la Seconde Guerre mondiale, pouvaient s'abriter 43 hommes pendant plusieurs jours.

Peu avant le col (balise 61) ❷, franchir sur la gauche une crête et s'engager dans la traversée jusqu'au col de Colombart (2 539 m, balise 45) ❸.

Vous pouvez profiter de cette traversée sans grande difficulté pour admirer le panorama sur le vallon de Sestrière et ses immenses alpages suspendus. Que d'espace ! Que de crêtes désertes et de sommets jamais foulés... N'oubliez pas pour autant de lever les yeux. Le gypaète barbu, le plus rare et le plus imposant des rapaces alpins, plane parfois à la recherche d'une carcasse d'animal. Ce charognard se nourrit presque exclusivement d'os qu'il emporte dans ses serres avant de les lâcher au-dessus de rochers pour les briser et les ingurgiter plus facilement. Pour la petite histoire, portez plutôt des casquettes de couleur vive si les cheveux vous font défaut ! Eschyle, le fameux tragédien grec, serait mort après avoir reçu sur la tête, non pas

Tarier des prés

Toujours au soleil !

La perdrix bartavelle se distingue de son cousin le tétras-lyre par son habitat. Alors que le tétras apprécie les versants nord, cette perdrix au plumage bariolé recherche plutôt les pentes ensoleillées de l'adret jusqu'à 2 200 m d'altitude, à la condition d'y trouver quelques buissons pour s'y abriter.

Camp militaire à La Moutière

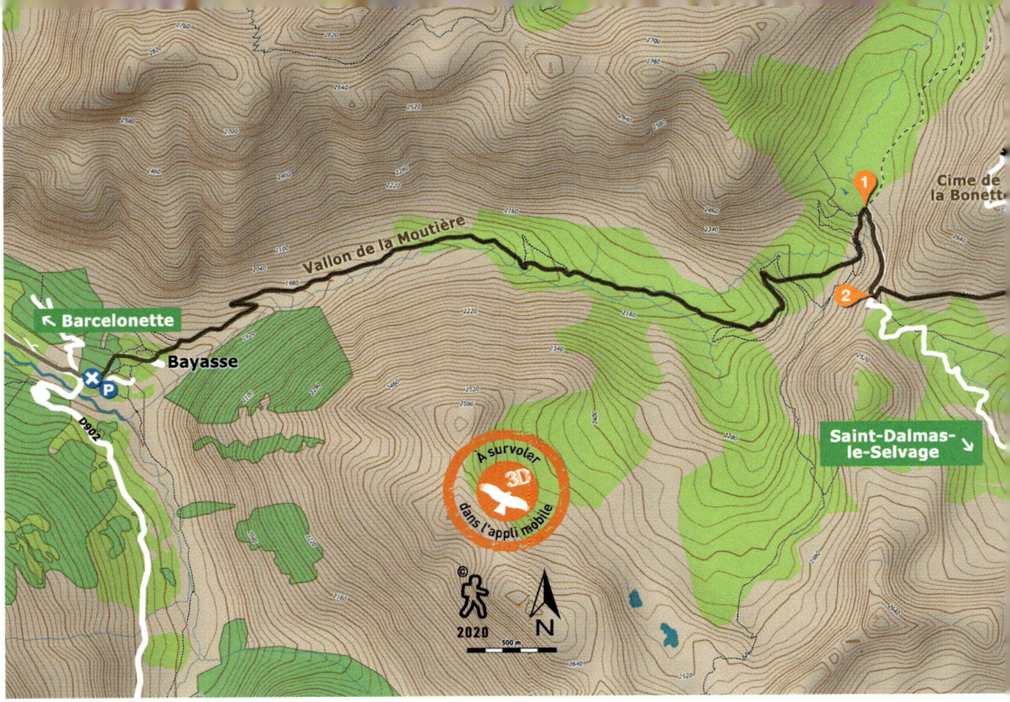

Les habitués des lieux

- Gypaète barbu, perdrix bartavelle, tarier des prés, rouge-gorge...
- Bouquetin, chevreuil, marmotte, biche, cerf, mouton...
- Grenouille rousse...
- Centranthe à feuilles opposées, rhinanthe crête de coq, groseillier à maquereau, molène bouillon-blanc, primevère marginée...

un os, mais une tortue lâchée du ciel par un gypaète qui aurait confondu son crâne dégarni avec une roche ! Soyez très discret sur ces crêtes entre les mois de novembre et d'août pour ne pas déranger ce grand rapace (période de reproduction, ponte, couvaison).

Prendre le sentier du GR® 52 GTM en direction du vallon de l'Alpe, jusqu'à la crête de l'Alpe. Continuer à droite pour rejoindre le haut vallon de l'Alpe, puis par une succession de petits lacets, le torrent du Rio (balise 44 b) 4.

Vous passez à proximité de la cabane de l'Alpe (2 277 m) et sous la Roche de l'Aré au nord. L'alpage est parsemé d'alchémilles, cette plante qui conserve longtemps les gouttes de rosée déposées sur son feuillage. L'origine de son nom fait écho au rêve des alchimistes qui, raconte-t-on, récupéraient cette eau très pure à leurs yeux pour tenter de préparer la fameuse pierre philosophale capable de tous les miracles. Se moquant de ces fables, le petit faucon crécerelle, lointain cousin du gypaète, bat des ailes et vole sur place, à la recherche de menus rongeurs à déguster.

Suivre en rive droite du torrent la piste horizontale sur 1,2 km pour rejoindre le Lauzarouotte à la balise 44 a 5. Le GR® 52 GTM devient commun en ce point au GR® 5 et au GR® 56.

Une petite mare se trouve à la croisée des chemins. Approchez-vous un peu de ce plan d'eau ! Vous y trouverez une profusion de têtards ou, plus tard dans le courant de l'été, quelques beaux exemplaires de la grenouille rousse. Avec un peu d'attention, se distinguant des nombreuses traces de moutons par leur taille et leur profondeur plus importantes, vous pourrez également remarquer sur les rives boueuses les empreintes des sabots de cerfs et de biches qui viennent parfois s'abreuver ici.

Descendre par le sentier dans la forêt pour rejoindre une piste pastorale, puis la suivre sur environ 2 km, franchir à gué le torrent Rio, puis la Tinée sur un pont de bois pour arriver au hameau de Bousiéyas (1 883 m, balise 43) 6.

Sur ces pentes raides, les mélèzes présentent des formes en crosse remarquables. Leurs troncs sont en effet soumis chaque hiver à la reptation de la neige, un lent mais puissant glissement du manteau neigeux vers l'aval qui impose une contrainte énorme à tous les arbres. Les mélèzes s'y sont parfaitement adaptés : après une courbure esthétique de la base de leurs troncs, ils repartent verticalement à la recherche de la lumière ! Le vératre blanc n'a pas à subir ce genre de supplice. Très courante dans le secteur, cette plante toxique, riche en alcaloïdes, ne sort de terre qu'une fois la neige fondue pour atteindre jusqu'à un mètre de hauteur.

Le rhapontique des Alpes

Impressionnante en raison de sa haute taille (parfois 1,5 m), cette plante ne passe pas inaperçue ! Son capitule rose ou violet, comme un bouquet dépassant d'un panier d'osier, attire immanquablement l'objectif des photographes. Si elle apprécie les sols drainés, cette astéracée supporte néanmoins l'ombre des mélèzes.

D'Allos à Estenc

Option 2

UN JARDIN BOTANIQUE SANS CLÔTURE

PRATIQUE

LOCALISATION

Allos (1 430 m)
GPS 44.24079, 6.62885

ÉCOUTEZ SURVOLEZ IDENTIFIEZ

ACCÈS

Départ à la mairie d'Allos pour prendre la rue de la salle des Fêtes.

Cet itinéraire permet de rejoindre le GR® 52 GTM à Estenc (Jour 2).

DURÉE / DIFFICULTÉ

23,8 km. ↗ 1 490 m / ↘ 1150 m. 8 h.

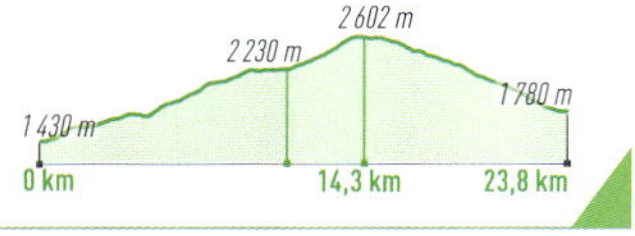

Sur plus de 1 000 m de dénivelé, vous traversez une succession d'écosystèmes variés. De quoi ravir les amateurs de belles fleurs, notamment dans les pierriers d'altitude riches en plantes rares !

Depuis le parking situé à proximité de l'école primaire d'Allos, descendre la rue du Moulin et franchir sur une passerelle le torrent de Chadoulin. L'itinéraire est commun avec le GR® 56B, d'abord en versant nord du vallon. Au point d'altitude coté 1737, descendre légèrement sur la gauche jusqu'à une seconde passerelle 1.

De l'étage montagnard à l'étage subalpin, le sentier vous mène à l'ombre des frênes et des peupliers trembles jusqu'aux frondaisons des résineux qui constituent l'essentiel de la forêt de la Cluite. Les chants des oiseaux forestiers vous accompagnent tout le long de cette montée douce. Repérez les caquètements disgracieux du geai des chênes et les puissants piaillements du pivert, habitués de ces lieux.

De la passerelle, remonter le long d'espaces ouverts sur le versant sud du vallon jusqu'au pied de la cascade de Chadoulin 2.

Vous sortez pour un temps de l'espace forestier. C'est l'occasion de repérer dans le paysage quelques vestiges qui ne trompent pas quant à l'utilisation passée des prés de Champrichard : une vieille grange, quelques restanques et des tas de pierres évoquent le temps où tous ces prés étaient fauchés. Chaque printemps, les familles ramassaient à la main les cailloux éparpillés sur le sol pour les amasser sur le bord des parcelles afin de ne pas abîmer les lames des faux lors de la fauche estivale.

Après avoir coupé la route d'accès au parking du lac d'Allos à 1 960 m d'altitude, une courte montée plus raide vous mène jusqu'au parking 3.

Poursuivre par le sentier de découverte jusqu'au lac, en ignorant au point coté 2165 le sentier direct sur la gauche emprunté par le GR® 56B menant au col de la Petite Cayolle. Arriver au lac 4.

Peu après le parking, vous pouvez admirer en contrebas, sur votre droite, les méandres réguliers du torrent au milieu d'un vaste replat. Ce plateau constitue une tourbière où s'épanouissent en début d'été plusieurs espèces d'orchidées accompagnées de plantes insectivores, les grassettes. Chargées d'une glu odorante, ses feuilles attirent les moucherons qui s'y retrouvent piégés, collés, avant d'être digérés par la plante. Plus loin, l'arrivée au bord du lac est toujours un grand moment ! Les marmottes colonisent les rivages mais ne les approchez pas de trop près pour éviter qu'elles ne se cachent dans leur terrier. Et si vous souhaitez profiter plus longtemps du paysage grandiose, n'hésitez pas à vous accorder une pause réparatrice au vieux refuge érigé à deux pas du lac ! Les tartes aux myrtilles y sont excellentes.

Du refuge, par un sentier en balcon vers le nord, rejoindre sur un vaste replat le sentier du col de la Petite Cayolle et le GR® 56B à un croisement 5, puis poursuivre à droite le sentier évident qui conduit au col.

Ne pas franchir le col de la Petite Cayolle (balise 297), mais s'engager vers le sud sur le sentier en balcon et suivre celui-ci jusqu'à un grand cairn 6 qui marque le Pas du Lausson (balise 296).

Après le passage sur les rives de deux petits lacs, le parcours offre de vastes panoramas sur les montagnes du Haut-Var d'un côté et du Haut Verdon de l'autre. Si quelques bouquetins débonnaires se promènent souvent dans ce secteur, ce qui fait son intérêt principal réside dans sa flore typique des pierriers d'altitude. Vous pouvez ainsi repérer les bouquets jaunes de la benoîte

Une plante invincible

Relique préglaciaire, la bérardie laineuse est une guerrière, championne toute catégorie de la survie en montagne ! Ses ancêtres se rencontraient dès le début de la surrection des Alpes, il y a plus de 30 millions d'années, lorsque le climat européen présentait un caractère subtropical. Bien plus tard, au temps des glaciations, la bérardie aurait résisté au froid en s'implantant sur des parois rocheuses dénuées de glace.

Pic vert

Le lac d'Allos, un joyau très convoité

C'est l'un des sites touristiques les plus prisés des Alpes-de-Haute-Provence. Avec ses 62 ha de superficie pour 49 m de profondeur, ce lac, tel un aimant, attire chaque été plusieurs milliers de randonneurs ! Attention, la baignade y est interdite et le site est surveillé par les gendarmes de la brigade de Colmars-les-Alpes.

rampante ou, passé le 20 juillet, les toupets de ses graines. Coutumière des éboulis, cette plante participe à la stabilisation des pierriers, grâce à ses longs stolons qui retiennent les cailloux et lui permettent de se multiplier. De plus, juste après le cairn qui marque le début de la descente, vous attendent plusieurs pieds de bérardies laineuses. Cette plante endémique du sud-ouest des Alpes parvient à survivre dans des conditions de sécheresse redoutables. Elle se rencontre dans des éboulis dénués d'eau. Ses feuilles coriaces en rosette entourent un capitule composé de petites fleurs jaunâtres. Elle ne paie pas de mine, mais c'est pourtant l'une des plantes les plus cotées auprès des botanistes amateurs !

S'engager à gauche dans la descente le long du sentier balisé en jaune jusqu'à la balise 294 7.

Sur votre gauche, le long de la descente en direction d'Estenc, il est possible de repérer une harde de chamois à l'ombre des parois rocheuses. En été, l'organisation sociale de ces animaux permet de savoir à quel type d'animal on a affaire : depuis l'époque du rut, à la fin de l'automne, les mâles dominants vivent en solitaire, les mâles adultes de rang inférieur se regroupent en petites bandes de 3 ou 4 individus, tandis que les femelles et les jeunes de moins de deux ans forment les hardes.

Le pas du Lausson

Quitter alors le sentier balcon qui se dirige vers le col de la Cayolle pour entamer une descente plus soutenue jusqu'à la D 2202 ⑧.

Couper la route, rejoindre la passerelle (balise 284) et longer la départementale sur 300 m jusqu'au refuge de la Cantonnière (1 850 m, balise 41) ⑨.

Quitter la départementale, et poursuivre sur le sentier en direction du lac d'Estenc. Longer le lac par la gauche, pour arriver sur le parking d'Estenc (balise 40) ⑩.

Les habitués des lieux

- Cincle plongeur, pipit spioncelle, aigle royal, pivert, geai des chênes...
- Bouquetin, chamois, marmotte...
- Cuivré de la Verge-d'or, chrysomèle..
- Truite fario, omble chevalier...
- Tabouret à feuilles rondes, benoîte rampante, dryade octopétale, renouée vivipare, linaire des Alpes, orchidée, grassette, bérardie laineuse...

Du refuge de Vens à Saint-Étienne-de-Tinée

Option 3

DES ALPAGES À LA VALLÉE

PRATIQUE

LOCALISATION

Refuge de Vens
(2 380 m)
GPS 44.316718,
6.941914

ÉCOUTEZ SURVOLEZ IDENTIFIEZ

ACCÈS

Refuge de Vens (2 380 m).

Cet itinéraire permet de quitter le GR® 52 GTM à Vens (Jour 6).

DURÉE / DIFFICULTÉ

11,8 km. ↗ 250 m / ↘ 1450 m. 6 h.

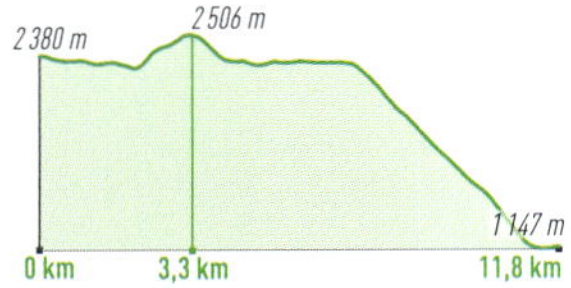

Peu de distance à parcourir pour cette échappatoire éventuelle à partir du refuge de Vens, mais un fort dénivelé qui vous fera quitter l'univers des alpages et des lacs pour rejoindre celui de la vallée de la Tinée.

Depuis le refuge de Vens, rejoindre le GR® 52 GTM à la balise 25, ignorer le sentier de droite qui monte en direction du col du Fer et bifurquer sur la gauche pour descendre direction le refuge de Rabuons, en rive droite du lac supérieur de Vens 1.

S'enchaînant sur plusieurs paliers, les lacs de Vens sont les vestiges des dernières glaciations. Il y a 12 000 ans environ, avec la hausse des températures, s'achevait la dernière période glaciaire du Würm. En se retirant et en fondant, les masses de glace qui recouvraient les Alpes du Sud ont donné naissance, derrière des verrous rocheux, à la plupart des lacs que vous admirerez durant votre traversée du Mercantour. Les remarquables polis glaciaires, ces rochers en forme de dos de baleine qui les séparent sont aussi un témoignage de ces époques révolues.

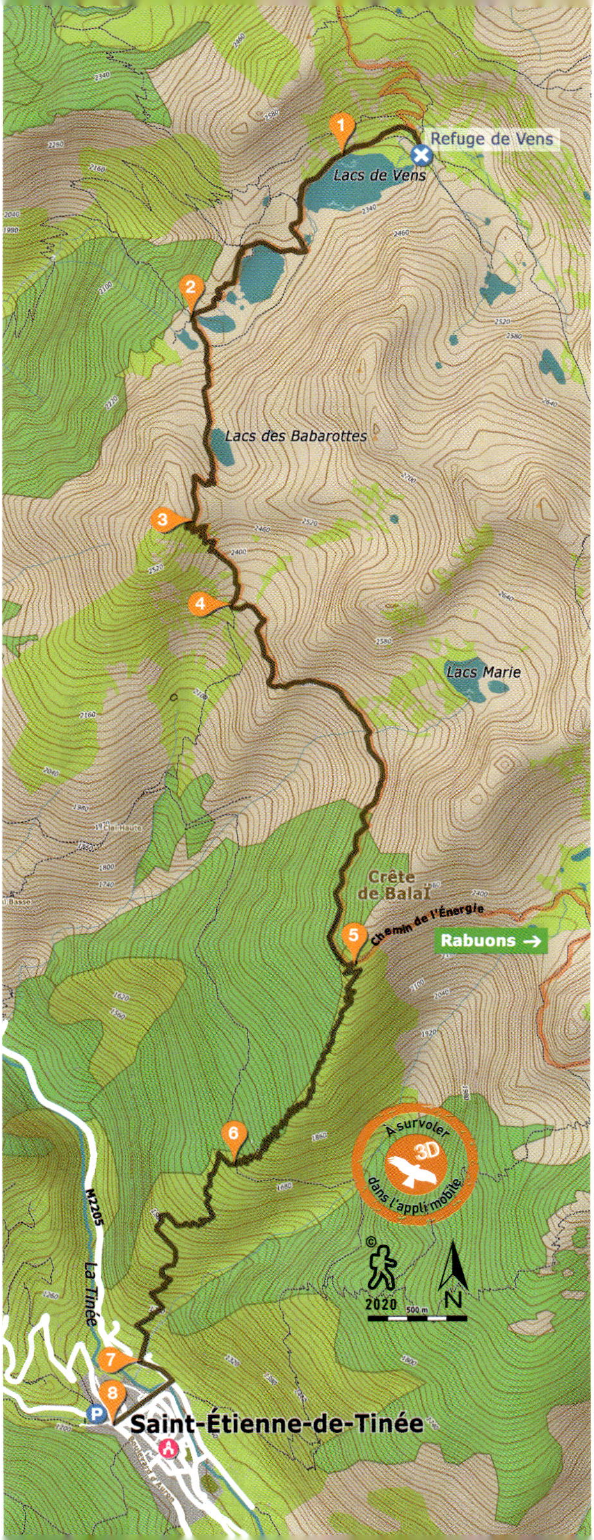

Les habitués des lieux

- Vautour fauve, rouge-queue noir, pinson des arbres, coucou...
- Cerf, sanglier...
- Lézard des murailles, orvet fragile, grenouille rousse...
- Machaon, piéride du lotier, aurore, libellule sympétrum de Fonscolombe, trichodes apiarius...
- Truite...
- Vélar, molène, lotier alpin, aster, genévrier commun, genévrier sabine, stipe pennée...

Pinson des arbres

▲ Le clairon des abeilles

Avec ses élytres striés de bandes rouges et noires, le *trichodes apiarius*, alias clairon des abeilles, ressemble à un sympathique gendarme, mais c'est un redoutable prédateur. Si l'adulte fait l'effort de varier son alimentation en goûtant parfois au nectar des fleurs, son rejeton s'invite dans les nids d'abeilles pour se livrer à de véritables festins de larves et de nymphes !

Le sentier longe les lacs médians (balise 27) et inférieurs par la droite, puis traverse le déversoir en empruntant une passerelle (2 285 m - balise 26) ❷.

Les eaux claires abritent de nombreuses truites tandis que les rivages, en plus des grenouilles rousses, accueillent toute une population d'insectes ! Si les moucherons se montrent parfois agaçants, ce n'est pas le cas d'une assez rare mais fascinante libellule : le sympétrum de Fonscolombe. Jadis commun dans le sud de l'Europe elle souffre du réchauffement climatique et remonte en altitude comme en latitude. Avec son long abdomen rougeâtre, le mâle se distingue facilement de la femelle qui arbore des couleurs jaunes.

Monter plein sud sur un sentier escarpé, vers le lac des Babarottes puis atteindre la large crête homonyme (2 506 m) ❸.

La toponymie, l'origine des noms de lieux, réserve parfois d'étranges découvertes ! Dans le sud de la France, le surnom de Babarottes désigne les blattes et cafards. Mais les pêcheurs à la mouche ont aussi donné ce nom au petit hanneton des jardins utilisé pour ferrer les truites ! Si vous levez les yeux au ciel, vous aurez sans doute l'occasion d'apercevoir le faucon crécerelle, battant des ailes sur place, son fameux vol en Saint-Esprit, pour repérer ses proies.

Descendre le sentier en versant sud pour rejoindre bientôt par une série de lacets la balise 113 ❹.

Ignorer le sentier qui descend à droite vers le gué de Vens et continuer sur le sentier pierreux et peu commode pour

atteindre le début du chemin de l'Énergie. Suivre ce large chemin panoramique quasiment à plat jusqu'à la crête de Balaï (balise 112) ❺.

Vous ne parcourez qu'une petite portion du fameux chemin de l'Énergie. Au-delà de la crête de Balaï et les portiques rudimentaires de l'ancien monte-charge, cet itinéraire tracé entre les deux guerres par la compagnie Énergie Électrique du littoral méditerranéen se poursuit sur plusieurs kilomètres encore jusqu'au pied du lac de Rabuons. Pour venir à bout des ravines, des reliefs tourmentés et des éboulis instables, les ouvriers n'ont pas ménagé leurs efforts. L'objectif était d'acheminer hommes et matériaux sur des sites de captage d'eau. Des conduites forcées auraient dû être installées pour canaliser les torrents issus des lacs. Celles-ci auraient alors apporté une puissance colossale à une centrale hydro-électrique implantée à Saint-Étienne-de-Tinée. Après l'abandon de ce projet, le chemin de l'Énergie un temps délaissé accueille à présent les pas des randonneurs !

Prendre à droite le sentier qui descend en lacets sur la coste de Fournels pour arriver aux granges de Fournels (1 742 m, balise 109) ❻.

Le genévrier commun a tendance à envahir ce secteur assez sec, ce dont ne se plaignent pas les lézards des murailles qui se cachent sous les taillis. Les papillons blancs de la famille des piéridés, quant à eux, vous accompagnent lors de votre voyage vers le monde des hommes. Lorsque les premières granges et les anciennes restanques apparaissent, la végétation change à son tour : favorisés par les paysans, les merisiers attestent à leur manière de la mainmise humaine sur ce territoire.

Prendre à droite sous les granges et continuer à descendre jusqu'au sentier pavé pour atteindre le quartier de Chaussavillans. Continuer le sentier qui rejoint la M 2205 à la balise 108 ❼.

Bifurquer à gauche et suivre la route qui conduit au village ❽.

Composée de 9 hameaux, dont la station de ski d'Auron, la commune de Saint-Étienne-de-Tinée compte un peu plus de 1 500 habitants. Si le terrible incendie d'août 1929 a dévasté une grande partie du bourg principal, il a épargné plusieurs édifices religieux qui font la fierté des Stéphanois, comme l'église paroissiale du XVIIIe siècle, l'ancien couvent des Trinitaires ou plusieurs chapelles. Si vous avez un peu de temps devant vous, prenez le temps de parcourir la Rue Longue avec ses façades ornées de masques grimaçants !

Relique de l'Ancien Monde

Très coriace, la stipe pennée, dont les fruits en forme de panaches cotonneux lui ont valu le surnom de cheveux d'ange, a traversé les millénaires malgré les coups du sort. Elle a survécu aux glaciations, et contrairement à ses cousines graminées, elle est délaissée par les herbivores !

Lézard des murailles

Option 4

De Saint-Étienne-de-Tinée au refuge de Rabuons :

VOYAGE VERTICAL VERS LES CIMES

PRATIQUE

LOCALISATION

Saint-Étienne-de-Tinée
(1 147 m)
GPS 44.258605,
6.926022

ÉCOUTEZ SURVOLEZ IDENTIFIEZ

ACCÈS

En périphérie du bourg, rejoindre les bords de la Tinée sur la M2205.
Départ depuis le pont Saint-Antoine.

Cet itinéraire permet de rejoindre le GR® 52 GTM à Rabuons (Jour 7).

DURÉE / DIFFICULTÉ

8,5 km. ↗ 1376 m. 5 h.

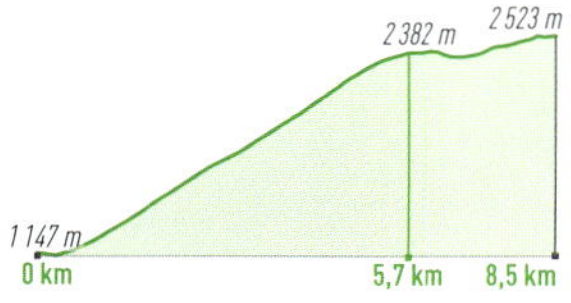

Cette rude montée permet de traverser toutes les strates de végétation de l'univers alpin. Prenez votre temps pour parcourir ces milieux variés car l'effort à fournir n'est pas anodin !

Du pont de Saint-Antoine (1 147 m, balise 100), prendre le sentier pavé de Sélasse qui traverse le quartier de Dailoutre pour s'élever vers le plateau de Duminière. Atteindre la croix à côté de la balise 101 (1 710 m) 1.

La présence passée de l'homme est omniprésente, aussi bien à travers le chemin pavé, les clapiers délaissés, les murets de pierre que les granges abandonnées. L'ensemble de ces vestiges évoque un mode de vie révolu où les loisirs étaient rares et le travail de la terre particulièrement dur. Sous les frondaisons des frênes, quelques clochettes jaunes attirent le regard. Mais méfiez-vous de ces fleurs ! La digitale à grandes fleurs est en effet une beauté fatale. Utilisée à faible dose comme cardiotonique, la digitaline qu'elle contient est très toxique et provoque des troubles digestifs et cardiaques. Les cerfs qui arpentent ce versant forestier ne se laissent d'ailleurs pas charmer par les corolles jaunes et préfèrent passer leur chemin

pour arracher plus loin quelques touffes d'herbe grasse. Invisibles en journée, les sangliers, quant à eux, retournent au clair de lune le sol caillouteux à l'aide de leur groin, en quête de racines et de tubercules autrement plus appétissants.

Bifurquer à droite pour atteindre par un sentier en lacets assez raide la balise 102 ❷, point d'intersection avec le sentier sur la gauche qui mène au lac Petrus. Laisser ce sentier pour prendre celui de droite.

Vous traversez une agréable forêt de mélèzes dans laquelle résonnent les chants de la mésange boréale ou du roitelet huppé et les coups de bec rapides du pic épeiche, tous trois hôtes habituels de ce milieu. En juillet, ce sous-bois clairsemé est couvert du tapis rose formé par les œillets de dieu, des silènes aisément reconnaissables à leurs feuilles argentées et duveteuses. Même si elle est abondante dans ce secteur, cette fleur mérite tout de même votre respect : elle est en effet endémique au sud-ouest des Alpes !

Continuer à monter par le sentier qui devient plus raide pour atteindre le chemin de l'Énergie (2 382 m, balise 103) ❸.

▼ Le plus petit passereau d'Europe

Typique des forêts de résineux, le roitelet huppé mesure 9 cm pour un poids de 5 à 6 grammes seulement ! Hyperactif, il chasse de nombreux insectes et s'identifie aisément grâce à ses chants et ses cris aigus. Peu farouche, il se laisse approcher facilement, se contentant de voleter de branche en branche sans s'enfuir réellement.

De si charmantes oreilles

Omniprésent sur ce versant ensoleillé de la Tinée, le myosotis se décline en plusieurs espèces dont les inflorescences oscillent entre le bleu, le rose et le blanc. Mais toutes tirent leur nom de leurs feuilles arrondies et poilues qui rappellent les oreilles de souris. *Myo* se rapporte en effet à la souris en grec ancien, et *otis*, dont provient le mot otite, fait référence aux oreilles !

Taillé dans des gneiss très fracturés, ce tronçon du chemin de l'Énergie est exposé aux chutes de pierres, surtout lors de fortes pluies. À l'exception des abris constitués par deux petits tunnels, nous vous invitons donc à ne pas faire de pause avant d'avoir atteint le bâtiment EDF, peu avant le refuge. Sur plusieurs kilomètres, ce chemin de l'Énergie a été tracé entre les deux guerres par la compagnie Énergie Électrique du littoral méditerranéen. Pour venir à bout des ravines, des reliefs tourmentés et des éboulis instables, les ouvriers n'ont pas ménagé leurs efforts. L'objectif était d'utiliser ce nouveau tracé pour acheminer hommes et matériaux sur des sites de captage d'eau. Des conduites forcées auraient dû être installées afin de canaliser l'eau issue des lacs. Celles-ci auraient alors apporté une puissance colossale à une centrale hydro-électrique implantée à Saint-Étienne-de-Tinée. Mais de tous les lacs et les torrents qui s'étalent dans les alpages, seul le lac de Rabuons a été aménagé, avec une cheminée et une galerie de prise d'eau, pour permettre la production d'électricité dans la vallée.

Continuer en direction du refuge de Rabuons et monter vers le cirque de Rabuons jusqu'à la balise 104 4.

Digitale à grandes fleurs

Les habitués des lieux

- Merle noir, hirondelle de rochers, pivert, mésange boréale, pic épeiche, roitelet huppé...
- Cerf, sanglier, chamois, mouflon, loup...
- Moiré lancéolé, Apollon...
- Digitale jaune, raiponce en épi, rhinanthe crête-de-coq, œillet de dieu, orchis brûlé, phalangère à fleurs de lis, saxifrage à fleurs nombreuses...

Malgré le caractère âpre et minéral du paysage qui vous entoure désormais, les mouflons séjournent une grande partie de l'été dans les pierriers du cirque de Rabuons. D'après les dernières estimations, à l'inverse de la plupart des populations de mouflons du Mercantour, les hardes de ce secteur ne souffriraient pas d'une baisse sensible de leurs effectifs. L'explication résiderait peut-être dans la rudesse même du terrain qui découragerait l'intrusion des loups, leurs principaux prédateurs. Mais pour apercevoir ces mouflons fantomatiques, l'affaire n'est pas si simple... Des jumelles et une bonne dose de patience devraient tout de même vous permettre d'apercevoir quelques mâles aux cornes enroulées ou quelques femelles aux longues chaussettes blanches ! Ne désespérez pas !

Loup

Poursuivre jusqu'à la balise 105 pour rejoindre le refuge (2 523 m) 5 qui surplombe le lac de Rabuons.

Avec une superficie de 16 ha, le lac de Rabuons est le plus grand plan d'eau des Alpes-Maritimes ! Quant aux abords immédiats du refuge, ils abritent plusieurs pieds d'une plante emblématique du Parc national, la saxifrage à fleurs nombreuses. N'hésitez pas à demander des renseignements au gardien pour découvrir ces trésors botaniques !

SURPUISSANT ET INUSABLE, voici le bec des pics. Accrochés à la verticale sur un tronc d'arbre, les pics – vert, épeiche ou noir (*photo*) – sont de véritables marteaux piqueurs. Avec un atout supplémentaire : si le bec s'use, il pousse en même temps. Une sorte de bec à croissance continuelle qui permettra de tambouriner soit très vite pour le chant d'amour, soit plus lentement pour forer un nid ou chercher des larves d'insectes.

LES RAPACES DIURNES

Les rapaces sont aujourd'hui protégés en France après un abattage à grande échelle jusqu'au milieu du xxe siècle. Ils sont de véritables indicateurs biologiques de la qualité des milieux où ils vivent, car les effectifs de leurs populations dépendent directement de l'état de l'environnement.

AIGLE ROYAL

L'aigle royal a longtemps été persécuté par l'homme avant d'être protégé. Ses populations sont aujourd'hui en légère augmentation. Grand prédateur, il se nourrit parfois de charognes mais le plus souvent d'animaux qu'il capture : lapins, marmottes, écureuils, oiseaux... Il chasse en rasant les versants des montagnes pour mieux surprendre ses proies. La parade nuptiale, à la fin de l'hiver, est spectaculaire : le mâle feint d'attaquer la femelle puis tous deux se laissent tomber en vrille.

VAUTOUR FAUVE

Longtemps détesté par ignorance, le vautour fauve est aujourd'hui protégé. Son régime alimentaire lui vaut cette drôle de morphologie : sa tête et son cou sont pourvus de petites plumes duveteuses et rases . Idéal pour trouver son repas dans les entrailles des charognes ! Le vautour fauve est un grand « voilier » : dès les premières heures chaudes de la matinée il prend son envol et passe la plus grande partie de la journée à planer en recherchant des cadavres d'animaux.

CIRCAÈTE JEAN-LE-BLANC

Le circaète Jean-le-Blanc est un rapace diurne protégé, présent en France uniquement au printemps et en été. Il chasse en vol plané, entre 50 et 200 m de hauteur, ponctué de phases de vol stationnaire, durant de quelques secondes à plusieurs minutes, et appelées « vol du Saint-Esprit ». Son régime alimentaire est principalement composé de couleuvres. Lors du rapprochement des partenaires, à leur retour d'Afrique, il arrive que le mâle laisse dépasser une couleuvre de son bec : cette offrande lui permet d'attirer la femelle, en vue de l'accouplement.

ÉPERVIER D'EUROPE

De son vol rapide et imprévisible, l'épervier rase les haies à la recherche de ses proies favorites : les oiseaux. Il se comporte parfois en véritable kamikaze lorsqu'il plonge à une allure folle dans des buissons épineux pour saisir un passereau. Sans doute emporté par son élan, il arrive qu'il s'éventre sur une branche !

FAUCON CRÉCERELLE

Son vol sur place dit « du Saint-Esprit » est très caractéristique. Le faucon crécerelle n'hésite pas à nicher au cœur même des grandes villes. Plus habituellement, il niche dans les anciens nids de corvidés. Le crécerelle chasse les campagnols, les moineaux et les insectes. Lorsqu'en été les fourmis ailées prennent leur envol par milliers, il est au rendez-vous. Observez-le, les acrobaties auxquelles il se livre pour capturer ces insectes ne vous décevront pas !

GYPAÈTE BARBU

Rapace le plus rare d'Europe, le bien nommé gypaète barbu (il a une barbichette sous le bec) fait l'objet d'un programme de réintroduction. C'est un casseur d'os : il avale la chair mais surtout la moelle des os prélevés sur des carcasses abandonnées par d'autres charognards. Lorsqu'un os est de trop grosse taille, il l'emporte dans les airs pour le laisser choir sur des rochers. La moelle de l'os brisé pourra ainsi être ingurgitée !

Écoutez leurs cris dans la rubrique « Faune » de l'appli mobile.

Aigle royal

Vautour fauve

Circaète Jean-le-Blanc

Gypaète barbu

Faucon crécerelle

Épervier d'Europe

LES OISEAUX FORESTIERS

Dans la forêt, c'est un concert de chants variés que donnent à entendre les oiseaux des bois qui y trouvent refuge. Ces espèces y nichent régulièrement, rejoints par d'autres espèces qui font une halte au cours de leurs migrations.

Pic épeiche

Pic vert

Pic noir

Geai des chênes

Pipit des arbres

Mésange boréale

Écoutez-les chanter dans la rubrique « Faune » de l'appli mobile.

Loriot

Roitelet à triple-bandeaux

Roitelet huppé

Pouillot de Bonelli

Sittelle torchepot

LES MAMMIFÈRES

Êtes-vous capable de répondre à la simple question : à quoi reconnaît-on un mammifère ? Et bien un mammifère c'est un animal à poils et à mamelles. Comme l'homme. Les marmottes et chamois seront, parmi les mammifères alpins, les plus faciles à observer. Mais d'autres espèces fréquentent ce territoire : lièvres, mouflons, cerfs, loups... Soyez attentifs.

Bouquetin

Chamois

Mouflon

Marmotte

Loup

CONSEILS DU NATURALISTE

Les humains ont le don de faire fuir tous les autres mammifères terrestres. Mais tout espoir n'est pas perdu ! La surprise, la discrétion et une attitude respectueuse du milieu sont vos meilleurs atouts pour d'étonnantes rencontres.

Où les rencontrer et les observer ?

La forêt n'est pas le lieu le plus propice pour observer les mammifères, en raison de la densité végétale. Guettez les trouées qui vous offrent un panorama et regardez attentivement : il se peut qu'un animal soit présent. Les lisières sont des lieux de passages des mammifères où vous avez aussi de bonnes chances d'observation.

À quel moment ?

Beaucoup de grands mammifères sont plus actifs de nuit. Ce comportement inné chez certains constitue une adaptation pour d'autres, leur évitant des interactions avec l'Homme. Vous ne les croiserez par hasard qu'au petit matin ou au crépuscule. À certaines périodes cependant, leur activité les oblige à sortir le jour. Par exemple, en mai et juin, quand une portée de renardeaux réclame sa pitance, les parents doivent prendre plus de risques pour rapporter à manger au terrier.

Comment ?

La discrétion est votre meilleur atout : ne parlez pas trop fort, et prenez le temps de vous arrêter et de laisser la vie reprendre autour de vous. Vous augmenterez considérablement vos chances de rencontre. L'observation des traces peut vous renseigner sur la présence de tel ou tel mammifère.

Traces, pistes et indices

Certains mammifères ont l'habitude d'emprunter les mêmes pistes, aussi appelées coulées. Surveillez les branchages (écartés, cassés), les troncs (marquages, égratignures, odeurs) pour vous assurer qu'il s'agit bien d'une piste animale. Avec l'habitude, vous vous apercevrez que les coulées sont généralement nombreuses dans une forêt. Les traces sont des indices sur la présence d'un animal ; en revanche, à moins d'être très sioux, il est extrêmement délicat d'obtenir d'autres informations (quand, combien…). Les autres indices de la présence de mammifères sont les restes de repas et les crottes.

L'ACTION DU DÉPARTEMENT

Exemple de réalisation : restauration du sentier littoral, Mandelieu-la-Napoule

LE CADRE D'INTERVENTION

En application de la législation (article L361-1 du code de l'environnement, circulaire ministérielle du 30/08/1988), le Département a compétence pour l'établissement et la gestion du Plan Départemental des Itinéraires de Promenade et de Randonnée (PDIPR).
L'ensemble du territoire est couvert par un réseau d'itinéraires de 6 500 km, approuvé par délibération en conseil municipal des 163 communes des Alpes-Maritimes en 2003, puis par l'Assemblée Départementale le 22 janvier 2004.

DES ITINÉRAIRES AMÉNAGÉS ET ENTRETENUS

Dans les Alpes-Maritimes, le Département intervient pour l'entretien et la gestion du réseau d'itinéraires inscrits au **Plan Départemental des Itinéraires de Promenade et de Randonnée (PDIPR)**.

Chaque année, le Département établit un programme de travaux dans le cadre de marchés publics et réalise sous maîtrise d'ouvrage départementale, des travaux d'amélioration et de sécurisation, sur les itinéraires de Grande Randonnée® (GR®) ou de Promenade et Randonnée (PR). Des budgets conséquents sont réservés à ces travaux pour la sécurité et le bien-être des randonneurs. Il peut s'agir par exemple de travaux d'amélioration de l'assise du sentier, de reprise des murs de soutènement, de traitement des eaux de ruissellement, de construction de passerelles ou de restauration de ponts en pierres.

En parallèle, plus de 1 000 km par an de sentiers sont entretenus (débroussaillement, tronçonnage, épierrage) et traités en régie par le personnel départemental. Une équipe d'intervention polyvalente composée de 4 personnes intervient également pour traiter les désordres signalés par les communes, les usagers, les partenaires ou au travers des dispositifs de veille (Suricate, mesdemarches06). Ainsi, la signalétique endommagée, les arbres encombrant le passage et plus globalement les petits désordres ponctuels peuvent être pris en charge et traités dans les meilleurs délais.

UNE SIGNALÉTIQUE HOMOGÈNE

Pour éviter des balisages disparates, une signalétique type a été choisie : présente aux départs des itinéraires, aux bifurcations et aux cols, cette signalétique en mélèze gravé, facilement reconnaissable, équipe l'ensemble des itinéraires pédestres.

Cairn au pas de Lausson

Signalétique dans la zone cœur de Parc

Le Département assure l'entretien de cette signalétique, le PDIPR compte en effet 4 700 poteaux en bois gravé porteurs de 8 000 flèches directionnelles.
Il est à noter que dans la zone cœur du Parc national du Mercantour, une signalétique directionnelle sur plaque de couleur jaune remplace le fléchage en bois gravé.
Le système de numérotation des balises demeure, en revanche, homogène quel que soit le support utilisé par les différents opérateurs.

UN BALISAGE AU SOL SÉCURISANT

La signalétique directionnelle est complétée par un balisage à la peinture. Au-delà de l'aide accordée par le Département au Comité départemental de randonnée pédestre pour le balisage des itinéraires de Grande Randonnée® (GR®), le Département balise à la peinture jaune les itinéraires de Promenade et Randonnée (PR), ce balisage guide de loin en loin les pas du promeneur ou du randonneur.
Ces rectangles de peinture sont apposés sur les rochers ou les arbres bordant les pistes, les chemins ou les sentiers inscrits au PDIPR.

LE SOUTIEN À LA FÉDÉRATION FRANÇAISE DE LA RANDONNÉE PÉDESTRE (FFRandonnée)

Le partenariat du Conseil départemental avec la FFRandonnée s'exerce auprès du Comité départemental de la randonnée pédestre, représentant départemental de la Fédération. Le Département soutient les actions menées par le Comité départemental au travers d'une convention annuelle de partenariat qui précise les objectifs communs et les modalités d'attribution de la subvention départementale. Le Département participe ainsi à la prise en charge des frais liés au balisage des GR® par le Comité départemental, et à l'occasion de l'édition de ce topoguide, au financement de cet ouvrage dédié au GR® 52 ou Grande Traversée du Mercantour.

LA GRANDE TRAVERSÉE DU MERCANTOUR

Le Département, conscient des potentialités offertes par le territoire des Alpes-Maritimes, soucieux de le valoriser et d'offrir aux pratiquants un itinéraire de randonnée de grande envergure, a créé en 2016 la Grande Traversée du Mercantour (GTM). Cet itinéraire majeur comportant désormais 17 étapes, permet de découvrir la beauté du département, et de relier depuis la haute vallée du Var (Entraunes), les vallées de la Tinée puis de la Vésubie, pour redescendre, depuis le refuge des Merveilles jusqu'à la mer à Menton. Le cheminement en zone cœur du Parc national du Mercantour participe à la grandeur des paysages observés, tout comme les 4 étapes en Italie qui enrichissent magnifiquement ce parcours.
Avec 220 km de marche, la GTM constitue un beau défi à relever pour des randonneurs entraînés qui peuvent ainsi allier performance physique et découverte des espaces avec des étapes de 5 à 6 heures de marche quotidienne et des dénivelés de 500 à 1 100 m.
La GTM a été homologuée GR® 52 GTM en 2019 par la Fédération française de la randonnée pédestre, cette reconnaissance constitue un témoignage supplémentaire du rayonnement de l'itinéraire.

MonGR®.fr

**Vous souhaitez poursuivre l'aventure et découvrir d'autres GR® ?
Une seule adresse : www.MonGR.fr !**

Créé par la FFRandonnée, **MonGR.fr** est le premier portail de référence national, source d'informations et de services exclusifs dédiés, de services exclusifs dédiés à la préparation de son itinérance pédestre sur le réseau des itinéraires de Grande Randonnée, les GR®. La fédération met ainsi à la disposition de tous les amoureux de la randonnée 70 ans d'expertise, le fruit du travail de 8 900 baliseurs-collecteurs bénévoles engagés sur tout le territoire français.

Grâce à l'abonnement au nouveau service **GR@ccess** qui vous ouvre l'accès à toutes les données du site, vous pourrez ainsi préparer, planifier et pourquoi pas personnaliser votre itinérance à travers plus de 70 000 km de GR® décrits et cartographiés sur fonds IGN 1/25 000e. Une base de données unique et **des outils cartographiques performants à votre disposition**, des données vérifiées, numérisées et enrichies quotidiennement pour vous permettre de vivre votre plus belle itinérance !

Vous y trouverez également l'ensemble **des topoguides édités par la FFRandonnée**. Une collection riche de 230 titres, qui permettent de randonner en itinérance grâce aux guides GR®, ou à la journée à travers la collection des topoguides de Promenade et Randonnée.

MonGR.fr c'est aussi un **moteur d'inspiration** avec des conseils pratiques, des reportages et récits de randonnée, toute l'actualité de la randonnée itinérante, des suggestions de voyages de 2 ou plusieurs jours.

Rendez-vous sur MonGR.fr.

RANDONNEZ DANS LES ALPES-MARITIMES AVEC LE COMITÉ DÉPARTEMENTAL

FFRandonnée
les chemins, une richesse partagée
Alpes-Maritimes

Le GR® 52 GTM, ou Grande Traversée du Mercantour est un circuit exceptionnel de plus de 200 km et de 12 000 m de dénivelé cumulés. Il est entièrement balisé par le Comité départemental de la randonnée pédestre des Alpes-Maritimes, depuis le point de départ d'Entraunes en haute vallée du Var, jusqu'à son arrivée à Menton sur les bords de la Méditerranée, en passant par les sentiers italiens du Parco Naturale Alpi Maritime. L'itinéraire traversant les hautes vallées de la Tinée, de la Vésubie, de la Roya et de la Bévéra, se déroule en grande partie dans le cœur du Parc national du Mercantour, véritable sanctuaire de la nature d'une très grande originalité géologique. Il recèle des trésors de diversité floristique, et une faune abondante de plusieurs milliers d'espèces, composée notamment de chamois, bouquetins, marmottes, aigle royal et gypaète barbu qui accompagneront les pas du randonneur.
Le Comité départemental de la randonnée pédestre des Alpes Maritimes, ses 85 associations affiliées, les baliseurs, collecteurs, aménageurs, et tous les bénévoles du Comité ont plaisir à vous faire découvrir à travers ce guide, des paysages merveilleux et cette nature belle et sauvage que nous devons préserver.

* Nous rappelons pour votre sécurité qu'il est indispensable de suivre les itinéraires balisés recommandés dans ce guide.

CRÉDITS

Belles Balades éditions
Président : Alain Ged.
Directeur : Yann Le Fichant • **Directrice de Production éditoriale** : Agnès Gauzit • **Directeur éditorial** : Axel Vicq • **Responsable d'édition** : Marine Prémel • **Assistants d'édition** : Charlotte Thomas, Julien Pigeon • **Conception graphique et mise en page** : Cécile Chatelin – Point de vue • **Photogravure** : Les Caméléons Paris – www.lescameleonsparis.fr • **Carte générale** : Marie-Sophie Putfin – Légendes cartographie • **Cartes des balades** © Belles Balades éditions – Source : contributeurs OpenStreetMap • **Contenus multimédia** © Belles Balades éditions.

Auteurs
Rédaction des pas-à-pas : Comité départemental de la randonnée pédestre des Alpes-Maritimes : Patrick Rey, Philippe Tort, Michel Peracchia
Comité départemental de la randonnée pédestre des Alpes-de-Haute-Provence : Joël Bayetti, Didier Dehayes
Textes et enrichissements naturalistes des balades : Nicolas Crunchant.
Autres textes : Belles Balades éditions.

FFRandonnée
Vérification des textes descriptifs en regard des autres publications de cet itinéraire et revue de l'ensemble de l'ouvrage : Marie Fourmaux, chargée d'édition FFRandonnée.
Les Comités départementaux de la randonnée pédestre des Alpes-Maritimes et des Alpes-de-Haute-Provence remercient le Conseil départemental des Alpes-Maritimes et le Conseil départemental des Alpes-de-Haute-Provence, le Parc national du Mercantour, le Club Alpin Français et l'ensemble des communes traversées.

Illustrations de la faune et de la flore
Traitement artistique Belles Balades éditions.

Malgré le soin apporté à cette édition, elle ne saurait être parfaite.
N'hésitez pas à nous écrire pour nous faire part de vos remarques
contact@bellesbalades.com

Crédits photo
COUVERTURE
© CAVALIER Michel / hemis.fr

INTÉRIEUR
Pages 23(g),24,33,48,54,58,60,64,98,108(3),140,142,143 : ©FFRandonnée des Alpes-Maritimes.
Pages 1 : ©Jcosson/WikimediaCommons • 2-3 : ©Jacob Harter/Flickr • 12 : ©Evelyn-Theresia Griessner/WikimediaCommons • 12 : ©thierrylutin/WikimediaCommons • 13 : ©Chamois huntress/Shutterstock • 13 : ©Alessandro Cristiano/Shutterstock • 14-15 : ©yonder/Shutterstock • 15 : ©LucaCasale/WikimediaCommons • 17 : ©Bruno Rijsman/Flickr • 18-19 : ©pierre SEDENT/Flickr • 19 : ©Nicolas Vincent/FFR • 2? : ©BMR & MAM/Flickr • 22 : ©Bruno Rijsman/Flickr • 22 : ©Bruno Rijsman/Flickr • 23d : ©Patrick Rouzet/WikimediaCommons • 25 : ©Noradoa/Adobestock • 25 : ©JYB Devot/WikimediaCommons • 27 : ©mizy/Shutterstock • 28 : ©JYB Devot/WikimediaCommons • 30 : ©Santiago puig vilano/WikimediaCommons • 34 : ©Sjaak kempe/Flickr • 37 : ©Mossot/WikimediaCommons • 38-39 : ©Martin Pelanek/Shutterstock • 40 : ©Frederic Bos/Adobestock • 44 : ©Patrick Rouzet/WikimediaCommons • 47 : ©Alessandro Cristiano/Shutterstock • 50 : ©Marco Maggesi/Shutterstock • 52-53 : ©Hugo/Adobestock • 57 : ©emmor/Adobestock • 62-63 : ©ArtemiPhoto/Shutterstock • 66-67 : ©Ondrej Prosicky/Shutterstock • 68 : ©BMR&MAM/Flickr • 70 : ©Alessandro Cristiano/Shutterstock • 71 : ©Alessandro Cristiano/Shutterstock • 72-73 : ©Nikolas_profoto/Shutterstock • 74 : ©Alessandro Cristiano/Shutterstock • 77 : ©LABETAA Andre/Shutterstock • 73 : ©Alexis BORG/Adobestock • 81 : ©Gianluca Damiani/Shutterstock • 82-83 : ©Khort Esther Tatiana/Shutterstock • 84 : ©Isatis.Gae/Adobestock • 87 : ©Nicolas Crunchant • 88 : ©Eebie/WikimediaCommons • 91 : ©PIXATERRA/Adobestock • 92-93 : ©Olivier Degun/Flickr • 94-95 : ©Santiago puig vilado/WikimediaCommons • 101 : ©pgm/Adobestock • 102-103 : ©sirtravelalot/Shutterstock • 104 : ©yonder/Shutterstock • 106 : ©Hans Hillewaert/WikimediaCommons • 107 : ©Boris Stroujko/Shutterstock • 108(1) : ©Samuel raison/Flickr • 108(2) : ©Gilles ehrmann/Adobestock • 108(4) : ©Alessandro Cristiano/Shutterstock • 109(1) : © tim gage/Flickr • 109(2) : ©Olivier magherini/Adobestock • 109(3) : ©MEG17 Studio/Adobestock • 110 : © eric allix rogers/Flickr • 113 : ©Royonx/WikimediaCommmons • 114 : ©Michel Royon/WikimediaCommons • 115 : ©Piefke La Belle/Flickr • 118 : ©françois r thomas/Flickr • 121 : ©rafal zelazko/Flickr • 122 : ©Bruno José/Flickr • 124 : ©Andrea Izzotti/Shutterstock • 126-127 : ©hauger j chri/Flickr • 129 : ©Kabar/Shutterstock • 130-131 : ©Michal Masik/Shutterstock • 133 : ©Luis Jimenez Delgado/WikimediaCommons • 138 : ©Philippe Bosseboeuf/Adobestock • 139 : ©Santiago Puig Vilado/WikimediaCommons.

Une édition en partenariat avec : DÉPARTEMENT DES ALPES-MARITIMES – partenaire Parc national du Mercantour

FFRandonnée – les chemins, une richesse partagée – www.ffrandonnee.fr

www.ffrandonnee.fr • info@ffrandonnee.fr

Belles Balades

16 avenue David Dellepiane, 13007 Marseille
104 rue Alexandre Dumas, 75020 Paris
www.bellesbalades.com • contact@bellesbalades.com

ISBN : 978-2-84640-517-1 • Dépôt légal : 1er trimestre 2022

Imprimé en France par Imprimerie de Champagne en mars 2022

PEFC 10-31-3162